8°Z
LE SENNE
5547

RÉTIF DE LA BRETONNE.

Cet ouvrage a été tiré à 520 exemplaires.

    400 sur vergé.
    60 sur vélin.
    40 sur papier de Hollande.
    20 sur papier rose.

PARIS. — IMP. DE PAUL DUPONT, RUE DE GRENELLE-ST-HONORÉ, 45.

RÉTIF DE LA BRETONNE

Sa vie et ses amours; documents inédits;
ses malheurs, sa vieillesse et sa mort; ce qui a été écrit sur lui;
ses descendants; catalogue complet et détaillé de ses ouvrages,
suivi de quelques extraits;

PAR

CHARLES MONSELET

**Avec un beau portrait gravé par Nargeot
et un fac-simile.**

PARIS
ALVARÈS FILS, ÉDITEUR
RUE DE LA LUNE, 24.

1854

RÉTIF DE LA BRETONNE.

§ I.

Voici bien la figure la plus étrange qui se soit jamais présentée sur le seuil d'une littérature. Pourtant, n'ayons pas peur. Entrons hardiment dans la vie et dans les œuvres de ce romancier aux bras nus, qui fut la dernière expression littéraire du dix-huitième siècle.

Rétif de la Bretonne était inévitable. De même que les folies parfumées du Parc-aux-Cerfs, les scandales de Mme Pompadour et les joyeux éclats de rire de la grisette qui lui succéda, devaient aboutir à la Révolution; ainsi les petits romans roses et dorés de Crébillon fils, de Duclos, de la Morlière et de tant d'autres, conduisent par une pente sensible aux gros livres terreux de Rétif de la Bretonne, imprimés avec des têtes de clou.

Du jour où ce fut le peuple qui se prit à lire, il fallut au peuple des ouvrages de haute saveur. Le roman eut ses père Duchesne, mais ses père Duchesne de bonne foi. Or, Rétif de la Bretonne, c'est le peuple-auteur. La France savante et lettrée, la France de l'Institut, la France qui n'a pas cessé de porter du linge blanc sous sa carmagnole, cette France-là n'a jamais eu pour lui que surprise ou dédain. Il n'y a que la France ignorante, la France des boutiques et des mansardes, qui ait lu, qui ait acheté et qui ait fait vivre Rétif de la Bretonne et sa littérature; puis aussi la province et l'étranger, qui repoussent si souvent ce que nous admirons et qui se passionnent plus encore pour ce qui nous répugne. Voilà ceux qui ne lui ont pas ri au nez, qui ne lui ont pas craché au visage, qui ne lui ont pas dit : Diogène littéraire, rentre dans ta niche. S'ils ont eu tort ou raison, c'est ce que nous allons voir. Auparavant, hâtons-nous de détruire en partie ce préjugé fatal qui consiste pour beaucoup de personnes à regarder l'auteur des *Contemporaines* comme un écrivain exclusivement infâme, perdu, horrible, souillé, impossible à lire, comme un romancier lépreux dont le nom salit la mémoire, dont les livres salissent le cœur. Rétif de la Bretonne a pu avoir ses heures d'égarement comme Pétrone, comme Mathurin Régnier, comme Mirabeau ; mais en revanche, comme Jean-Jacques, il a eu de longues heures de mélancolie et de douleur expiatoires. S'il en eût été autrement, jamais cette cendre n'eût été remuée par nous. Mais Rétif de la Bretonne est mieux qu'une curiosité, qu'une difformité littéraire ;—ce n'est pas un homme de talent, mais c'est presque un homme de génie.

§ II.

SA JEUNESSE ET SES AMOURS.

Nicolas-Edme Rétif (1), qui ajouta plus tard à son nom celui de *la Bretonne*, petite propriété de

---

(1) « Notre nom, dit-il dans l'avant-propos de la *Vie de mon père*, s'écrit indifféremment Restif, Rectif ou Rétif. » A côté de cela, il produit un acte où son père signe : Rétif. C'est cette dernière ortographe, consacrée d'ailleurs par l'usage et par l'euphonie, que nous avons adoptée. Tous ses ouvrages jusqu'à la Révolution sont signés : Rétif de la Bretonne ; ce n'est qu'à partir de cette date qu'il jugea à propos de changer Rétif en

son père, naquit à Sacy, département de l'Yonne, le 22 novembre 1734. Sacy est un village situé à sept lieues d'Auxerre et à cinquante lieues de Paris

Nicolas était l'aîné d'un second lit et le huitième de quatorze enfants. On voit que cela commence à peu près comme un conte de Perrault : « Le bûcheron et la bûcheronne étaient des gens qui allaient fort en besogne. » Son père, honnête et simple laboureur, en fit tout de suite un gardeur de troupeaux, un véritable berger, avec une peau de mouton sur le dos et de la paille dans les cheveux. Deux gros chiens avec lui, Pinçard et Friquette, il passait des journées entières dans les champs de serpolet ou dans le vallon de Nitry, abondant en mûres sauvages. Le soir, aux époques de regain et des vendanges, on le voyait courir dans la prairie, pour jouer au *Loup,* quand il y avait de grandes filles, et aussi à la *Chèvre,* à la *Belle Mère* ou à la *Pucelle.* Ce dernier jeu, qui a complétement disparu des

---

Restif. Quant à *la Bretone,* s'il l'a toujours écrit avec un *n* seulement, c'est qu'il s'était fait une loi de proscrire les doubles consonnes ; mais nous, qui nous conformons aux règles admises, notre devoir est de rétablir les deux *n*.

mœurs du Bourbonnais ainsi que tous les autres, était le plus amusant et affectait des formes dramatiques. On couvrait une jeune fille des tabliers de ses compagnes et des vestes des garçons, jusqu'à ce que le tout formât une sorte de pyramide ; entourée et défendue par les filles, la pucelle était alors assiégée par les garçons : *Nous voulons l'épouser par mariage*, disaient-ils.—*Non, non, vous la battriez avec rage !* Et leur adresse consistait à enlever, sans toucher à une seule fille, tout ce qui couvrait la pucelle ; ce résultat obtenu, elle leur appartenait, et les filles se lamentaient en disant : *Comme la rose effeuillée, elle sera bientôt ; comme la prune secouée, elle sera mangée par le ravousio !*—Puis elles la livraient aux garçons en poussant des cris de douleur ; l'une d'elles lui éparpillait les cheveux, tandis que les garçons s'avançaient et l'environnaient ; elle se mettait à genoux en élevant les mains ; ils feignaient de se laisser fléchir et lui disaient : *Viens, viens ; mieux te garderons que ces filles à cotillons, qui te garder ne pouvont.*—La pucelle se levait et donnait la main à celui qui lui plaisait le mieux. C'était son mari, et le jeu finissait là.

Sous son attifement champêtre, le petit Rétif qui avait de grands traits à l'italienne et des cheveux frisés à l'ange, fut bientôt trouvé si joli, qu'il eut bientôt toutes les *filles à la joue*, selon son expression pittoresque. Aussi l'amour vint-il de bonne heure lui allumer les sens. Dans l'âge le plus tendre, il se montrait déjà sensible à la beauté du pied féminin et à l'élégance de la chaussure. Ce goût qui ne l'abandonna jamais devint plus tard une passion chez lui. Une femme était-elle horrible de visage, pourvu qu'elle eût un joli pied, il en tombait amoureux à la folie. Le pied était tout pour lui. On peut dire qu'il a passé sa vie aux pieds des femmes. Le premier qui lui fit impression fut celui d'Agathe Tilhien. Il avait quatre ans. Le second, fut le pied de Suzanne Colas, chaussé en étoffe. Rétif enfant promenait ses amours de l'écurie-aux-mules aux vignes de Joux ; c'était un petit garçon rougissant et timide, dont les filles se moquaient tout haut lorsqu'il passait auprès du *puits Babillard* et qu'elles embrassaient tout bas derrière les haies. Elles lui firent une belle éducation, les paysannes de Sacy, de Courgis, de Charmelieu et de Vaux-Germain! A peine sut-il tenir une plume entre ses mains qu'il s'en servit pour composer un poëme érotique à ses *douze* premières maîtresses. Douze ni plus ni moins. Le drôle avait quinze ans.

Le père, effrayé d'une précocité que n'excusait pas suffisamment le sang bourguignon, le mit en apprentissage chez un imprimeur d'Auxerre, après avoir vainement essayé d'en faire un enfant de chœur. Peines perdues! Une fois à Auxerre, Rétif n'eut rien de plus pressé que de séduire la femme de son patron, une grande blonde, dont le souvenir a toujours tenu une large place dans sa vie, et qu'il a dépeinte en maint endroit sous le nom de Mme Parangon. Comme elle avait un pied délicieux, ce fut au fond de son soulier qu'il s'avisa d'aller fourrer son premier billet doux.

En 1755, Rétif de la Bretonne quitta Auxerre, pleuré de toutes les grisettes de la ville, et s'en alla faire son compagnonnage à Paris. Il entra dans l'imprimerie royale, sous la direction de M. Anisson-Duperron, au prix de deux francs cinquante centimes la journée.

Jusqu'à présent, la vocation littéraire ne s'était encore annoncée chez lui que par quelques mauvaises chansons composées pour ses camarades; et peut-être va-t-on croire qu'à Paris son premier soin fut de hanter les sociétés savantes, de rechercher l'entretien des écrivains célèbres; on se trompe dans ce cas. Peu importait alors à Rétif la Sorbonne et *le Mercure*, les jésuites et le Théâtre-Français; il voulait vivre avant d'écrire : or, vivre pour lui c'était aimer. On le rencontrait dans les caves du Palais-Royal, repaire des militaires et des comédiens de province, contant fleurette aux nymphes de comptoir ; ou bien joyeusement assis au cabaret de la *Grotte flamande*, mangeant une fricassée de petits pois entre Aline-l'Araignée et Manette Latour. Il faudrait la plume d'Homère pour tracer le dénombrement des maîtresses de l'inconstant Bourguignon ; avec lui, les aventures galantes se succèdent sans intervalle ; son cœur n'est jamais vide, et la blonde s'y rencontre souvent en même tems que la brune. Sur la fin de sa vie, à l'heure des cheveux blancs et des voyages mélancoliques au pays du passé, lui-même s'est mis à faire son calendrier amoureux, une patronne par jour, trois cent soixante-cinq au dernier décembre, et les plus belles filles du monde ! des marchandes, des grisettes, quelquefois même des grandes dames. — Bah ! les grandes dames du dix-huitième siècle ! — Je cite au hasard : Hélène Clou, Pèlerine, Esther-la-Noire, Maine-Blonde, Jaquette, la comtesse d'Egmont, une demoiselle Camargo (Armide) du théâtre Français, et un chapelet entier de religieuses : sœur Claire, sœur Mélanie, sœur Augustin, *Éléonore Guichard, sa mère et sa tante.* C'est à faire regarder Jean Tenorio comme un écolier. Puis une fois son calendrier terminé, voilà que Rétif se trouve sur les bras un excédant de soixante et quelques femmes ! Où les placer ? Quelles niches supplémentaires offrir à ces pécheresses ? Notre héros ne s'embarrasse pas d'un détail aussi minime. Il ajoute une sainte à chaque dimanche et il en met trois aux jours de fête.

Il se maria, n'ayant rien de mieux à faire. Il se maria deux fois à un an de distance. La première fois avec une aventurière anglaise, Henriette Kircher, qui l'abandonna au bout de quelque mois, dévalisant le domicile conjugal, pour aller mourir sur un grabat de Piccadilly. La seconde fois, en 1760, avec Agnès Lebègue, dont il a dit beaucoup de mal à tort ou à raison, et avec laquelle il vécut en guerre continuelle. Mais le mariage ne l'empêchait pas de suivre sa chasse aux bonnes fortunes, bien au contraire : il se consolait des soucis de son ménage tantôt avec Rosette, tantôt avec Appoline Canapé, avec toutes les petites *lève-nez* des magasins de modes.

Cependant la misère le guettait au détour des folles passions. Il avait trente-trois ans et ce n'était encore qu'un pauvre ouvrier imprimeur, souvent sans ouvrage, jamais sans amour ; or l'amour ne se fait pas scrupule de laisser les siens en haillons. Rétif de la Bretonne, voulant sortir un matin pour aller déjeûner, trouva le diable assis sur le seuil de sa porte. Il rentra chez lui, regarda le bout de ses ongles et écrivit son premier roman tout d'une haleine. Puis, l'ayant fini, il le dédia : — *Aux beautés !*

§ III.

PREMIERS OUVRAGES.

Aux beautés! Tel est le cri de départ de Rétif de la Bretonne. Telle sera désormais sa devise. Tout par les femmes et pour les femmes. Le secret de sa vie est là, et aussi celui de son talent, de sa grandeur et de sa décadence.

Son premier roman est l'histoire de Mlle Rose Bourgeois, une belle personne dont il était alors épris à l'excès. Il l'intitula la *Famille vertueuse*. L'amour et la pauvreté n'ont produit là qu'un essai informe, quoique le censeur Albaret, dans son approbation, déclare que ce roman « a le double mérite d'intéresser et de remplir son titre ; » mais on sait depuis longtemps à quoi s'en tenir sur la compétence de la censure. Ce premier début passa tout à fait inaperçu, en dépit de la courtoisie de M. Albaret.

Néanmoins, notre auteur ne se rebuta pas; il écrivit *Lucile* en cinq jours et en eut trois louis

d'un libraire. Cet ouvrage met en scène la fille d'un marchand de vin, Cadette Forterre, qui était partie avec un commis de son père, nommé Fromageot et fils d'un tonnelier. Rétif voulut dédier cette belle invention à Mlle Huss, actrice du Théâtre-Français, et voici la réponse qu'il en reçut :
« Monsieur, soyez persuadé que j'ai trouvé votre
« ouvrage très-agréable, et que je suis très-
« sensible à l'honneur que vous voulez me
« faire ; mais vous ne devez pas trouver éton-
« nant que je ne l'accepte pas. Quoique très-
« joli, votre roman est d'un genre un peu licen-
« cieux, et qui ne permet pas à quelqu'un de
« connu de souffrir que son nom soit en tête.
« Je vous prie de ne pas l'exiger, et de croire
« que je suis avec considération, Monsieur, etc. »
Rétif de la Bretonne en prit fort tranquillement son parti ; il mit la lettre dans sa poche, et alla porter à la comtesse d'Egmont l'exemplaire en papier de Hollande qui était destiné à la comédienne.

Avec les trois louis de son libraire, il trouva le moyen de vivre quatre mois; à ceux qui s'étonneront de cette économie fabuleuse, nous renverrons à Rétif lui-même : « Je prenais chez Guillemot, traiteur-gargotier, *qui avait deux filles charmantes*, un ordinaire de sept sous qui faisait mon dîner et mon souper ; je buvais de l'eau et je mesurais les morceaux de mon pain de six livres, de façon qu'il me fît la semaine. Une chose singulière, c'est que je n'eus jamais d'indispositions pendant ces quatre mois, quoique mon estomac fût très-mauvais. J'allais voir quelquefois un de mes anciens confrères du Louvre, appelé Mauger : c'était un homme à son aise et sans enfants, qui vous forçait à manger dès que vous entriez chez lui. Mal nourri à l'auberge, l'odeur d'un bouilli bourgeois excitait en moi le plus grand désir d'en goûter, je sentais une sorte d'épuisement ; et cet homme qui donnait à tout le monde, qui cent fois m'avait contraint à me mettre à table, ne m'offrit pas une seule fois la soupe dans le temps de ma détresse qu'il ignorait ! » Ainsi vivait, ou plutôt ne mourait pas cet écrivain bizarre, attendant patiemment dans un grenier du collége de Presle son jour de richesse et de célébrité.

La *Confidence nécessaire* raconte sa liaison avec Marie Fouard et Marguerite Bourdillat, deux petites paysannes de Sacy. Un conte bleu, à la mode galante du temps, termine la seconde partie ; cela ne vaut pas mieux que les fadaises de Voisenon. Imaginez un pays fantastique où les femmes se nomment *Joue-de-Rose*, *Faite-au-Tour*, *Cheveux-Dorés*, *Bouche-Mignonne*, *Jupe-Courte* et *Beau-Brin-de-Femelle*.

Le pauvre Rétif se traînait alors sur les pas de tous les romanciers; il tâtonnait pour chercher sa voie; — mais il était écrit que c'était à un pied de femme qu'il devrait son premier et décisif succès.

Un matin qu'il se promenait, après avoir échappé aux turbulences du logis conjugal, il aperçut dans une boutique de modes, à l'angle des rues Tiquetonne et Comtesse-d'Artois, une jeune personne chaussée d'une mule rose avec un réseau et des franges d'argent. Son imagination s'embrasa à ce spectacle, et, onze jours après, il avait terminé une fantaisie intitulée : *Le Pied de Fanchette*, qui eut trois éditions en très-peu de temps et dont il se vendait plus de cinquante exemplaires par semaine au Palais-Royal. La vogue en fut telle, que Mme de Montesson en composa une petite pièce pour son théâtre de société. — Le *Pied de Fanchette* fut suivi presque immédiatement de la *Fille naturelle*, qui contient quelques pages attendrissantes, et qui s'écoula assez bien.

A ce moment, le talent de Rétif se dédoubla; de romancier qu'il était, il voulut devenir législateur : après avoir amusé, il voulut réformer. Réformer quoi? les femmes d'abord, ensuite tout le monde, le ciel et la terre, l'homme et la religion, le gouvernement, les théâtres, la langue. Rétif de la Bretonne n'est pas moins curieux à examiner sous cet aspect. *Le Pornographe* est son premier essai dans ce genre et celui de ses livres qui fut la cause première du haro universel dont on n'a cessé de le poursuivre jusqu'à notre époque. *Le Pornographe* est un plan de législation de Cythère, un code à l'usage des Phrynés de Paris. L'auteur a vu de très-près les sujets hardis qu'il traite. Le Perron, le Cirque, l'Allée des Soupirs et la Cour Saint-Guillaume n'ont pas de mystères pour lui ; il en remontrerait sur ce thème à l'abbé Galiani lui-même, qui fouillait le soir en costume de cour tous les *boudoirs* de la rue Saint-Honoré. M. de Sartine, à qui *le Pornographe* avait été dénoncé comme contraire aux bonnes mœurs, en permit la publication de sa propre main après l'avoir lu d'un bout à l'autre ; et l'empereur Joseph II en fit ordonner l'exécution à Vienne, au mois de décembre 1786. Un ouvrage utile n'est jamais un ouvrage scandaleux, et l'on ne doit pas plus en vouloir à Rétif de la Bretonne pour son *Pornographe*, qu'on n'en veut par exemple à M. Parent-Duchâtelet pour son livre *De la Prostitution*.

Après avoir écrit encore *la Mimographe ou le Théâtre réformé par une femme*, Rétif de la

Bretonne jugea cependant à propos de borner là sa *réformomanie*, du moins pour le moment. Il remit à une autre époque les livres en *graphe* qu'il avait annoncés sous le titre collectif d'*Idées singulières*, et il recommença de plus belle à jeter à droite et à gauche une foule de romans, qu'on nous permettra de ne pas analyser (voir au catalogue) et desquels lui-même faisait assez bon marché, dans ses heures de franchise.

Un de ces romans-là, le *Ménage parisien*, donna lieu à une anecdote qui fait infiniment d'honneur à Crébillon le fils. Le livre contenait une satire contre les gens de lettres.—Que diable Rétif pouvait-il avoir à démêler avec eux?— Parmi des épigrammes plus bizarres les unes que les autres, on en lisait une fort violente sur Crébillon le fils, qui vint justement à être nommé censeur de l'ouvrage. Loin de se fâcher de cette attaque, l'auteur de *Tanzaï*, qui avait déjà approuvé le *Pied de Fanchette*, approuva et parapha de bonne grâce le *Ménage parisien*, et, lors de son apparition, il alla jusqu'à en dire beaucoup de bien à ses amis et à l'auteur lui-même. Rétif, qui lui en voulait sans trop savoir pourquoi, se sentit touché de ce procédé généreux, et il devint dès ce jour son plus chaud camarade. Camarade de Crébillon le fils, lui, Rétif de la Bretonne! Le *Sopha* et le *Pornographe* réunis ! Ne trouvez-vous pas cette alliance inouïe ! Songez-y donc : avoir été le romancier des grandes dames, le courtisan de Mme de Pompadour, l'historiographe de Paphos; avoir dormi sur le sein des danseuses de l'Opéra, soupé avec Caylus, Duclos, la Clairon, Maurepas; avoir été l'homme des robes de soie chiffonnées; et tout cela pour devenir à la fin de ses jours le *camarade* de Rétif de la Bretonne !

Voici cependant ce qu'écrivait à cette époque l'ami de Crébillon fils : « Comme j'étais alors à l'entrée du Pont-Neuf, près la Samaritaine, j'achetai deux crêpes de deux liards pièce, pour mon souper, et je les mangeai en chemin ; puis je bus de l'eau à la fontaine du Trahoir. »

§ IV.

LE PAYSAN PERVERTI.

De tous les romans de Rétif de la Bretonne, *le Paysan perverti* est, je ne dirai pas le plus connu, mais le moins généralement oublié. Il le composa dans la nuit, après la journée donnée aux impressions. La sérieuse Allemagne l'a traduit quatre fois; l'Angleterre, pour sa part, en a publié *quarante-deux éditions;* ce chiffre, unique dans les annales littéraires, dit assez haut sa vogue surprenante. Style, mœurs, gravures, tout concourt du reste à en faire un des monuments les plus singuliers du dix-huitième siècle. A ce titre, nous essaierons d'en donner une idée ; car il ne suffit pas de crier sur les toits : Rétif de la Bretonne est un romancier digne d'examen ; encore faut-il le prouver si cela est possible. Et rien n'est mieux possible. *Le Paysan perverti* est un roman sans précédent en littérature, une œuvre vigoureuse qui a ses racines au cœur de l'humanité, un livre cynique dont on n'a jamais pu faire un mauvais livre, écrit par un paysan enragé au milieu d'une société de marquis et de duchesses, qui portaient tous alors au cou un imperceptible cordon rouge. L'auteur l'a divisé en huit parties, ornées d'une grande quantité d'estampes. Rétif de la Bretonne a toujours attaché une importance extrême à *l'illustration* de ses ouvrages, et l'on reconnaît aisément que dessinateurs et graveurs ont travaillé sous son inspiration immédiate. Ce ne sont que types baroques et personnages impossibles, lesquels semblent appartenir à un autre monde ; des femmes, plus hautes que des Cauchoises et plus menues que des abeilles, hissées sur des mules imperceptibles à talons élevés, avec des coiffures extravagantes d'où s'échappent à flots rubans, plumes, dentelles, joyaux, bouquets ; des corsages d'une opulence hyperbolique et des paniers dont on croit entendre le *froufrou* ; le tout empreint d'une exagération de grâce qui tend à faire de la femme un animal nouveau, agréable seulement aux yeux de son fantasque inventeur. Les hommes ne sont guère mieux compris : leurs jambes ont une lieue de haut, et ce seraient encore de fort beaux modèles académiques quand même on viendrait à les raccourcir de moitié. Ces gravures sont d'ailleurs exécutées avec soin, et la plupart des figures respirent un moelleux ravissant.

Venons au texte. — « Mon cher frère, je mets la plume à la main pour te dire que nous sommes entrés heureusement dans la ville d'A***, Georget et moi, et que l'âne de notre mère n'a aucun mal, quoiqu'il nous ait fait bien de la peine, car il a jeté mon frère et mon bagage dans un fossé ; mais mon frère ne s'en ressent pas du tout, et rien n'est gâté. » Ainsi commence ce roman fougueux dont M. de Florian a dû bien rire, à moins qu'il ne fût, ainsi que Crébillon, l'ami de Rétif de la Bretonne ; — et cela ne nous étonnerait aucunement.

Une fois débarqué, le paysan entre en apprentissage chez un peintre, où le mal du pays vient le surprendre et où il ne sait qu'imaginer pour se procurer d'honnêtes distractions. « Les soirées, après souper, quand il ne fait pas bon sortir, et comme je ne connais personne, je prends un livre et je lis tout haut des tragédies à la cuisinière. » Pauvre cuisinière ! Le dessinateur l'a représentée ourlant des serviettes, avec une larme au bord des cils, pendant que d'un air enthousiasmé, élevant son livre d'une main, le jeune villageois s'efforce de donner une intonation pathétique aux tirades du poëte. On n'est pas plus classiquement vertueux que cela. Heureusement que, plus loin, le sentiment robuste de la nature reprend le dessus dans son cœur ; et de là naissent des pages réellement émouvantes, toutes odorantes de grâce et de mélancolie : « Ce matin, mes larmes coulaient de mes yeux comme de deux fontaines, en me remémorant une veille de Fête-Dieu, où je fenais seul du sainfoin dans notre vallée du Vau-de-Lannard. Que j'étais heureux ! tout était pour moi un sujet de plaisir : le temps demi-sombre qu'il faisait, le cri du cul-blanc solitaire ; l'herbe même, l'herbe des coteaux avait une âme qui parlait à la mienne. Le fruit de la ronce sauvage me semblait délicieux, j'en mangeais pour me rafraîchir la bouche..... Ah ! si le bonheur était là, pourquoi donc l'être venu chercher ici ? Pendant que je chantais, j'entendis une marche comme d'une jeune fille : je m'arrêtai, prêtant l'oreille, et je l'entrevis derrière les noyers..... Elle s'est approchée; à sa taille légère, je l'ai prise pour Fanchon Berthier, ou pour Marie-Jeanne Lévêque, ou pour Madelon Polvé ; c'était Fanchon qui venait des vignes : — Edmond, dit-elle, auriez-vous de l'eau ? j'étrangle la soif. — Oui, Fanchon, en voici sous les noyers. Je m'en privai pour elle, car j'avais soif aussi, et je lui tins le baril pendant qu'elle buvait. » Savez-vous une page de *Galatée* ou une églogue de Gessner qui vaille ce petit tableau, plein de senteurs agrestes?

Cependant Edmond, qui est un garçon bien bâti, quoique un peu gauche, commence petit à petit à reluquer les filles du voisinage. Ses camarades l'entraînent à l'*apport* célèbre de Saint-Leu-en-Vaux, agréable village situé au bord de la rivière et tout ombragé de saules ; on nomme *apports* les foires du pays où se rendent les bateleurs et les coureurs à banne. On y danse les menuets de la ville, des passe-pieds, des sauteuses, des bourguignottes, des sabotières et des rondes morvandaises. Les gourmets s'y font apporter le meilleur vin de Coulanges. Le paysan, étourdi par le bruit qui l'entoure, se mêle aux jeunes vigneronnes et va jouer avec elles, assis sur l'herbe, au jeu de *Monsieur le curé :* « — De trois choses, en ferez-vous une? Une, volez en l'air! Deux, prenez la lune avec les dents! Trois, embrassez Tiennette. » Et il embrasse Tiennette sur les deux joues, deux joues plus satinées et plus vermeilles que des feuilles de rose. Puis, comme le soleil commence à tomber, il l'accompagne en causant jusqu'au sommet de la colline ; là, des rustauds pris de vin les accostent avec de grossiers lazzis ; il met habit bas et les rosse fièrement aux applaudissements de deux mille personnes. Mais, admirez la fatalité! en arrivant à la ville, la foule le sépare de sa Tiennette ; et parce qu'il n'a pas eu la précaution de lui demander son adresse, il rentre mélancoliquement à la nuit, le visage et le cœur égratignés. Les détails de cette fête sont délicieux. Selon sa coutume, le paysan raconte tout cela à son frère, et son frère de lui répondre : « J'ai de l'orge à entasser et de la semence à préparer pour nos seigles que nous emblaverons ces jours-ci. Adieu, fais-moi part toujours de tes petites affaires. Pour finir, je vais te faire écrire deux mots par notre bonne mère. » Ces deux mots, les voici ; je donnerais la moitié de tous les romans du dix-huitième siècle pour ces deux mots : « Mon Edmond, je t'envoie des chausses de filoselle, avec des culottes de fort-en-diable, deux vestes et l'habit de bouracan pour te faire brave les dimanches et fêtes. Je t'embrasse de tout mon cœur. Ta mère. » — Ah! Rétif de la Bretonne, que n'en êtes-vous toujours resté à cette littérature!

L'amour galoppe vite dans le cœur du paysan, et l'image de Tiennette n'y fait pas grand séjour. Un soir, la femme du peintre, ayant eu connaissance de son talent pour la lecture, le fit prier de venir lui tenir compagnie. C'était une beauté langoureuse, au regard provoquant et tout chargé de coquettes amorces; il ouvrit le premier livre qui lui tomba sous la main, les *Lettres du marquis de Rozelle*, et il commença d'une voix émue. Par malheur, la cuisinière aux tragédies entra sur ces entrefaites et s'installa avec son ouvrage auprès de la croisée. « Nous en étions au milieu de la première partie, quand Mme Parangon m'a dit de cesser de lire. »

Les choses ne vont pas plus loin. Toutefois, M. Parangon ne peut s'empêcher de concevoir quelque ombrage pour l'avenir, et afin d'éloigner de sa femme ce rustique Sigisbé, il imagine de lui faire épouser une de ses anciennes maîtresses. Edmond tombe dans le piège; sans renoncer à son amour pour Mme Parangon, il

se laisse prendre aux beaux yeux de la jeune Manon Palestine, et bientôt les conseils de sa famille sont impuissants à l'empêcher de contracter un hymen honteux. Malgré les aveux arrachés à Manon elle-même par un reste d'honnêteté, il l'épouse, en cherchant à s'étourdir sur son propre déshonneur ; pour cela rien ne lui coûte, ni les paradoxes les plus absurdes, ni les sophismes les plus éhontés :
« Il y a des femmes estimables de deux sortes, écrit-il à son frère : celles qui furent toujours vertueuses, et celles qui, étant tombées, se trouvent par leur chute même raffermies dans le sentier de la vertu. Mlle Palestine ne fut que séduite dans un âge où la raison n'est pas aidée par l'expérience. Au reste, cette aimable personne ne se croit pas innocente, elle en gémit, elle s'en humilie, elle en est plus complaisante pour moi, plus modeste et plus douce avec ses pareilles ; sa faute, mon ami, est plus que réparée à mon égard ; je ne sais en vérité s'il vaudrait mieux qu'elle ne l'eût pas commise. » A ces discours singuliers le pauvre frère ne sait que répondre ; il s'est marié, lui aussi ; mais quelle différence entre les deux mariages ! il a épousé une brave fille de son hameau, et voici le langage qu'il lui a tenu : « Fanchon, vous me paraissez bien soigneuse, vous serez bonne mé-

nagère quand nous serons ensemble ; vous aimez votre père et votre mère, vous aimerez bien ceux qui viendront de vous, et ils vous aimeront bien, et vous en ferez de bons sujets. Nous serons toujours de bon accord, car vous êtes douce et je ne suis pas méchant. Tout me revient en vous, Fanchon, des pieds à la tête ; vous êtes un peu délicate sur le manger, tant mieux, notre petite famille en sera mieux nourrie. Vous ne sauriez voir battre un chien ; vous éleverez doucement nos enfants par réprimandes tempérées de bonté, et vous les engagerez à bien faire, par ce petit sourire gracieux que vous faites à présent. Vous êtes un peu dévote, c'est bien fait ; je ne le suis guère, moi ; mais j'aime le bon Dieu et le prie matin et soir pour mon père, ma mère, mes frères et sœurs, et je ne vous oublie pas. Par ainsi, Fanchon, nous serons bien ensemble tous deux. » Vous concevez que celui qui parle de la sorte ne peut, ne doit rien comprendre aux beaux raisonnements de son frère le paysan perverti.

Ici pourtant commence un roman bien touchant, bien simple, bien navrant, raconté en peu de mots dans un coin de la deuxième partie. Manon Palestine, autrefois la maîtresse de M. Parangon, aujourd'hui la femme du paysan, est descendue au fond de sa conscience, et peu à peu son âme se purifie aux sources des larmes amères. Plus son mari s'éloigne d'elle, plus elle se sent attirée vers lui par un amour ardent, humble, et d'autant plus cruel qu'elle s'en reconnaît moins digne. Sa conduite est irréprochable maintenant ; triste et résignée, elle cherche l'expiation de sa jeunesse dans les soins de son ménage et dans une aspiration constante vers le ciel. Mais le ciel l'abandonne à moitié chemin, les forces lui manquent au moment suprême ; enfin la douleur courbe cette pauvre repentie, qui, renonçant à toucher jamais le cœur d'Edmond, livré tout entier à des amours nouvelles, recommande son âme à Dieu, et s'endort dans le sommeil désespérant du suicide.

A partir de ce moment, l'auteur et le dessinateur retroussent leurs manches ; ce ne sont plus des idylles à la Segrais, des tableaux champêtres et parfumés d'innocence ; nous entrons dans une atmosphère nouvelle, étouffante. Le paysan part pour Paris, l'égout redoutable, dans le but de venger sa sœur, enlevée par un marquis italien. Ses étonnements à l'arrivée rappellent d'un peu loin les lettres de Rousseau, avec moins de philosophie dans le fond et plus de brutalité dans la forme. « Un fleuve d'immondices, à la moindre pluie, inonde les rues, et, en tout temps, l'homme à pied est éclaboussé par un limon gras et noir que lancent à droite et à gauche les pieds des chevaux et les roues des voitures. Les maisons n'ont pas de gouttière pour la pluie ; un échené saillant y jette à flots sur les passants l'eau des toits, et les inonde longtemps encore après que la pluie a cessé. » Toute cette fange est remuée avec une grande fermeté de touche ; il nous mène ainsi des rues de la Huchette et du Chat-qui-Pêche à la galerie du Palais-Royal (chez ces filles de modes qui devaient si fort épouvanter, quelques années plus tard, le bon *Ermite de la Chaussée-d'Antin*), après avoir mangé en chemin, dans une guinguette, un ragoût de cheval équarissé. Lorsqu'il a battu le pavé pendant quelques jours et qu'il a pris des leçons d'escrime suffisantes, il songe à se mettre en quête du marquis ravisseur, et le hasard le lui fait précisément rencontrer au seuil de la salle d'armes. « A quatre heures et demie, nous nous sommes joints dans un terrain vide, proche les grands boulevards, d'où personne ne pouvait nous voir à cause de la hauteur des murs environnants. » Le paysan blesse le marquis ; tous les deux essuient leur épée et se serrent la main ; dans quelques jours ils seront les meilleurs amis du monde.

Sautez, bouchons! partez, champagne! nous sommes à présent en partie d'actrices, la fine fleur de la Comédie Italienne : Mlles Batiste, Mantel et la Beaupré ; on rit, on boit, on chante, on dit mille folies à travers mille baisers ; puis, à un signal convenu, voici que les bougies s'éteignent comme d'elles-mêmes, et bonsoir la compagnie! C'étaient les grandes farces du dix-huitième siècle. — Voyez-vous d'ici ce jeune seigneur cravaté de blanc, l'habit et la culotte de velours bleu-céleste, les cheveux élégamment ramassés dans une bourse? C'est le paysan perverti, l'apprenti peintre de tout à l'heure. Complète est la métamorphose, au dedans comme au dehors ; l'âme répond à l'habit. Il a pour maître en matérialisme un cordelier défroqué, du nom de Gaudet d'Arras ; ce Méphistophélès bourgeois le conduit par la main à travers toutes les sentines dorées de la capitale et s'efforce d'éteindre en lui jusqu'au souvenir de la vertu. D'intrigues en intrigues, d'excès en excès, ils finissent bientôt par rouler au fond de cet abîme qui pourrait s'appeler *Horrible-sur-Débauche*, si quelque Scudéry du ruisseau s'avisait de tracer une carte du Vice, à l'imitation de celle du Tendre.

Le frontispice de la cinquième partie intitulée *Edmond ribotteur*, le représente « donnant le bras à Tonton, la petite blanchisseuse, suivi du frère de cette fille, la pipe à la bouche, et précédé de mauvais garnements, dont l'un tient Colette, amie de Tonton ; d'autres se battent et d'autres filoutent un homme ivre. Edmond en impose avec sa canne à ceux qui se battent. » C'est la partie charbonnée de l'ouvrage : là est la verve saignante, la fougue sans mesure ; Rétif de la Bretonne écrase sans pitié sous sa brosse les couleurs les plus discordantes. Son paysan perverti *boit l'iniquité comme de l'eau* ; il donne dans la vie fiévreuse des sacripans et des *crocs* de billards, il cherche le plaisir dans l'excès même de la turpitude, et, tombé au dernier degré du vice, il s'y ensevelit corps et âme. Ses maîtresses d'à présent ce sont des crieuses de fruits, des chanteuses de café ou des marchandes de violettes, aussi fanées que leurs bouquets et moins avides de baisers que de pain tendre. La gorge brûlée de liqueurs fortes et les yeux rouges d'insomnie, il passe ses journées entières au jeu de boule du carrefour Bussy avec des espions, des provinciaux et des filles. Il faut l'entendre raconter une de ses aventures en style bruyamment imagé, et avec le cynisme d'un capitan d'estaminet : « Aujourd'hui j'ai été à l'académie, où j'ai gagné considérablement à des officiers qui le prenaient assez mal ; je me suis fâché le plus fort ; et, sentant bien qu'il fallait imposer à la critique, j'ai prouvé que j'étais franc joueur comme les antiques chevaliers prouvaient la beauté de leurs dames : j'en ai battu deux et fait peur aux deux autres. » Le soir de ce double combat, le hasard veut qu'il se retrouve avec ses adversaires en compagnie galante. Les quatre officiers ne disent mot ; mais les regards vindicatifs qu'ils échangent entre eux ne lui annoncent rien de bon. En s'approchant de la cheminée, il est renversé sur une couverture et berné comme le Sancho de Cervantes. « Lorsqu'ils ont été las, ils ont cessé ; j'ai provoqué celui qui aurait le plus de cœur, au combat. — Nous verrons après le repas, m'a-t-il répondu. » Ici se déroule une scène épouvantable d'anxiété : l'odeur du sang humain semble monter au plafond, les bougies tremblent. « On s'est mis à table ; j'ai été forcé de m'asseoir à la place d'honneur ; quelques coups d'œil de la petite Sailli, de l'Alsacienne et de la Dupont elle-même, m'ont fait comprendre qu'il fallait user de finesse. J'ai pris mon parti, j'ai mangé, j'ai bu même aux appas de Sailli ; mais j'avais toujours l'œil sur les mains de mes ennemis, qui paraissaient enragés. Vers le dessert, Sailli s'est levée, a mis le flambeau de la cheminée sur la table, fait la folle, agacé les mousquetaires, en tâchant de me heurter du pied pour me rendre attentif. La cuisinière s'étant fait entendre à la porte pour un service, l'Alsacienne a couru ouvrir, la Dupont s'est retournée; Sailli s'est assise presque sous la table, puis, se levant avec précipitation, elle a renversé d'un seul coup table, lumières, bouteilles, carafes pleines d'eau, sauces, etc. Je me suis élancé par dessus tous ces débris, et j'ai gagné la porte. » C'est écrit pendant quatre pages sur ce ton infernal. Est-ce encore de la littérature? Je ne sais. Mais, dans tous les cas, c'est de la peinture saisissante et violente.

« Bravo! mon élève, lui crie de loin Gaudet d'Arras. Tu vois à présent l'amour, non comme on l'envisage en commençant à vivre, mais tel qu'il est réellement... Qu'est-ce que la vie? La durée d'un drame où nous faisons notre personnage. La représentation est-elle finie, le tyran poignardé, le prince légitime remis sur le trône, la princesse opprimée délivrée par le héros, etc., tout cela va souper ensemble. Allons donc, comme les personnages d'une pièce de théâtre, fermement à notre but, sans nous embarrasser des coups de poignard qu'il faut donner pour arriver au dénoûment. Faisons-nous craindre, aimer, admirer; que tous les moyens nous soient bons. Au fond, que risquons-nous ? De nous faire un sort heureux. Les lois, ce vain épouvantail des âmes timides, que nous feront-elles ? Le pis qu'elles puissent donner, c'est la mort. Mettons-nous donc au-dessus de toute crainte. Que rien ne puisse t'arrêter ni t'épouvanter dans la carrière que nous allons parcourir. Quelle foule de sensations délicieuses nous saurons nous procurer ! Toujours hors de nous-mêmes, la vie s'écoulera comme un instant... Voyons donc tout en grand, mon ami ; la noblesse de l'homme consiste à faire rapporter à lui le plus d'existences qu'il est possible. »

A ce langage vigoureusement effronté, à cette ardente apologie du vice, il est impossible de méconnaître en Gaudet d'Arras le prototype de ces héros de roman qui se sont tour à tour appelés Vautrin, Trenmor ou Lugarto ; c'est le même dessin dans la physionomie morale, le même ricanement sans fin, la même négation au bout des mêmes théories, presque le même langage. C'est de part et d'autre une égale exagération de forces criminelles, la lutte de l'orgueil contre la destinée, en un mot l'éternelle rébellion du Lucifer symbolique. Rien ne nous serait plus facile que de comparer. Mais à quoi bon ? Notre intention n'est pas d'excuser Rétif pour cette peinture hardie ; nous voulons seulement faire toucher du doigt le chaînon qui relie intimement cet écrivain de la borne à la plupart de nos écrivains de boudoir ; — de manière que ce soit le moins coupable d'entre ceux-ci qui lui jette la première pierre.

Qui le croirait pourtant ? A cette heure où il semble que le roman va forcer toutes barrières, voici que l'action s'arrête brusquement pour faire place à de savantes discussions d'art et de belles-lettres, pendant près de cent pages. On se lasse de tout, même de la débauche ; le paysan vient de l'éprouver. Et puis, disons-le aussi : comme il errait vaguement et sans dessein à travers Paris, il a rencontré tout à coup— devinez qui ? — Mme Parangon, ses premières et vives amours. « Tous mes membres ont tressailli. Ah ! bon Dieu ! que cette femme a une beauté impérieuse !..... *C'est en beau la tête de Méduse !* » Ce mot est sublime.

Il veut se faire comédien. « Comédien ! s'écrie Gaudet d'Arras. Dis-moi donc, as-tu les poumons assez forts pour beugler la tragédie, ce genre de drame monstrueux, prétendu perfectionné chez nous, et qui, dans la vérité, n'a pas le sens commun ? Dis, dis, pourras-tu assez emphatiquement représenter ces personnages chimériques, aussi loin de la nature que de nos usages, qui parlent pour parler, qui se battent les flancs pour enfanter de belles chutes, des éclairs de pensées, etc., etc., etc.? Auras-tu un front aussi dur que d'Alainval pour supporter sans mourir de honte ou d'indignation ces brouhahas outrageants? Certes, je craindrais pour toi que quelque jour tu ne t'élançasses par-dessus l'orchestre et ses quatorze rangs de siéges usurpés sur le parterre, pour fondre l'épée à la main sur tes hueurs maudits! » — Passe pour l'état de comédien, dit le paysan. Je me fais auteur. — Très-bien! répond Gaudet d'Arras. « Mon ami, rien de plus doux que le sucre; mais un vil et malheureux esclave l'arrose de sueurs et de larmes amères. Le sucre est la littérature; l'homme du monde en jouit et y trouve ces plaisirs délicats que tu connais. L'auteur, le pauvre auteur, est le colon infortuné qui sue et qui s'excède de travail. Jamais, au moins durant sa vie, il n'est autrement regardé que comme un esclave public. » Suivent alors des appréciations critiques de Shakespeare, de Corneille « l'envervé » et de plusieurs de nos auteurs français. Ces appréciations en cinq ou six lignes seulement sont toutes d'un trait assuré, et quelques-unes dénotent un sens littéraire des plus judicieux. «—Personne n'a autant approché des Grecs que Shakespeare, dont nous méprisons si fort les disparates. — Racine est le Raphaël des poëtes ; mais il a cherché la nature dans une belle imagination, au lieu de la chercher dans la nature même. — Voltaire met dans ses tragédies, en apparat de représentation, ce que Racine a mis en peinture touchante du sentiment, ce que Crébillon a mis en nerf. — Suivras-tu Linguet, dont le style raboteux étincelle par le choc de ses inégalités, et qui, marchant comme les chevaux ferrés à glace, fait comme eux jaillir un feu triste et obscur ? — Marivaux te gâterait. — Prévost est trop vigoureux, même quand il rabâche. — Peut-être voudras-tu te jeter dans les choses hardies, pour te donner une certaine réputation et te dispenser d'avoir un autre mérite ? Considère le sort de l'abbé Du Laurens : un Busiris en soutane vient de le faire périr au fond d'un cachot (1). » Le paysan se rend à ces bonnes raisons ; il écrase sa plume, et le roman recommence de plus belle.

Cette fois il atteint à son apogée d'épouvantement. Edmond, guidé par l'intérêt, épouse une

---

(1) L'abbé Du Laurens, auteur du *Compère Mathieu*, de la *Chandelle d'Arras*, du *Balai*, etc., dénoncé à la chambre ecclésiastique de Mayence, fut arrêté, jugé et condamné, en 1767, à une prison perpétuelle.

vieille de soixante-quinze ans ; trois mois après elle meurt ; Gaudet d'Arras et lui, accusés de l'avoir empoisonnée, sont arrêtés par la garde. Une lutte atroce s'engage sur le seuil d'un cabinet... Le paysan s'empare d'une baïonnette, et en un clin d'œil il a fait mordre la poussière à quatre soldats, à l'exempt et au commissaire; Gaudet d'Arras traîne ce dernier dans une chambre voisine où il l'enferme tout sanglant. — Cette boucherie est rendue par le dessinateur avec une grande furie. — Mais une nouvelle escouade dompte nos forcenés et les conduit en prison. Tous les deux passent en jugement. Gaudet d'Arras expire sous l'épée du bourreau ; et le paysan perverti, condamné aux galères, part avec la chaîne pour Toulon. Cela se passe dans la septième partie.

La huitième partie nous transporte dans l'intérieur de son frère Pierrot, ce brave garçon qu'on a vu déjà figurer au commencement de l'ouvrage. Tout chez lui est simple, calme et reposé ; les lourds rideaux *à sujets* rouges entourent le lit ; les assiettes de faïence, inclinées en avant, sont rangées symétriquement au-dessus du buffet ; assis sur un escabeau, devant l'âtre aux lueurs assoupies, il semble absorbé par des pensées inquiètes. Derrière lui, un peu dans l'ombre, sa femme allaite son dernier né. On ne saurait exprimer avec quel charme les yeux se reposent sur ce tableau d'une douceur biblique; car tout est contraste dans cet étrange roman : l'auteur y emprunte tour à tour la palette de Ribeira et celle de Gérard Dow, il écume et il soupire ; c'était un sanglier, c'est un mouton maintenant.

— De temps en temps les deux époux rompent le silence pour s'entretenir du malheureux Edmond. Plusieurs années se sont écoulées; par suite des démarches de ses protecteurs, il est parvenu à obtenir sa grâce ; et depuis cette époque on n'a pas eu de ses nouvelles. Seul, sans argent, sans habits, il a quitté le bagne et s'est embarqué nuitamment pour Marseille. On suppose que dans le trajet il aura été englouti par les flots. Pourtant la moitié de sa famille est morte de douleur, son frère est regardé comme un paria dans le hameau qu'il habite. « Les petits enfants ne veulent plus jouer avec les miens, dit-il ; nos voisines fuient ma femme, les hommes ne m'accostent plus en venant de l'église ou de par les champs. Je les salue toujours, moi, et ils ne me le rendent plus ; mais je les salue toujours, et je m'enveloppe dans ma confusion. Et je dis à ma femme le mot de l'Evangile : *Si nous ne saluons que ceux qui nous saluent, quel mérite aurons-nous?* Elle me répond par un soupir qui me fend le cœur ; et chaque soir nous allons ensemble sur les tombes de mon père et de ma mère, de son père et de sa mère, et nous crions à Dieu : merci ! »

Cependant depuis quelques jours on a vu errer un misérable dans les environs ; sa barbe est en désordre, ses vêtements sont déchirés, il est manchot et ne sort des bois qu'aux approches de la nuit. La jeune sœur de Mme Parangon, Fanchette, l'a rencontré. « Tout à l'heure, sur la brune, un pauvre, privé d'un bras, m'a demandé l'aumône ; une barbe longue et touffue déguisait ses traits, mais le son de sa voix m'a fait impression. Je lui ai donné trois livres, à cause de l'intérêt qu'il m'inspirait. En les recevant, il m'a fixé. Je l'ai vu pâlir et s'éloigner précipitamment..... » Plus de doute, c'est Edmond, c'est le paysan perverti ! et, en effet, son frère Pierrot reçoit le lendemain une lettre de lui. Cette lettre est un chef-d'œuvre. La voici tout entière : « Avant-hier, j'ai baisé le seuil de ta porte ; je me suis prosterné devant la demeure de nos vénérables parents. Je t'ai vu, et les sanglots m'ont suffoqué. Ton chien est venu pour me mordre ; il a reculé en hurlant dès qu'il m'a eu senti, comme si j'eusse été une bête féroce. Tu l'as pensé sans doute toi-même, tu as lancé une pierre, elle m'a atteint, c'est la première de mon supplice... Ta femme t'a appelé, vous êtes sortis ensemble pour aller aux tombeaux. Je vous devançais. Vous avez prié. Et tu as dit à ta femme : La rosée est forte, la pierre est trempée, le serein pourrait te faire mal ; allons-nous-en. La rosée, c'étaient mes larmes ! » Y a-t-il dans aucun roman une situation plus douloureuse et plus attendrissante, dites-moi ?

Manchot, aveugle, vieux avant la vieillesse, flétri par les lois, le paysan perverti trouve encore au terme de sa carrière une sainte et noble femme qui ne répugne pas à venir essuyer ses plaies et à le guider par la main jusqu'au seuil d'une autre vie. Cette femme, vous l'avez devinée sans doute, c'est Mme Parangon, qui a sillonné le drame à de nombreux intervalles et dont l'amour, contenu longtemps par le devoir, éclate maintenant en transports sublimes. Devenue veuve et libre d'elle-même, elle n'hésite pas à offrir sa main au forçat, au meurtrier ; et c'est là une des plus belles pages de sentiment qui se puissent lire, les larmes aux yeux. Le paysan croit qu'une nouvelle existence lui est devenue possible ; tout semble en effet lui présager un avenir de calme et de bonheur, il se berce des espérances les plus douces, il fait des projets sans nombre pour ceux qui lui sont chers, il croit enfin que le ciel lui a pardonné...

Voici le dénoûment nu, brutal, froid, dans toute sa rigidité implacable :

« Le jour de la cérémonie du mariage, la voiture était arrêtée dans la cour et la portière s'ouvrait. Une pierre lancée de la rue par une blanchisseuse séduite autrefois par Edmond, et qui venait d'entendre dire qu'il s'était marié, a frappé les chevaux; ils partent. Edmond, qui ne voit pas et qui ne peut se garantir, est renversé; une roue lui passe sur la poitrine et la brise ; il meurt sous les roues mêmes du carrosse. »

Tel est ce roman orageux, plein de grandes lignes heurtées et fourmillant de détails microscopiques. Nous l'avons raconté tout au long, en tâchant de donner une idée de la manière de son auteur. Maintenant on peut juger.

Le cœur humain y est fouillé et mordu comme avec une pointe de burin, la vie palpite et crie à chaque entaille. « Rien là dedans, comme a dit La Harpe, n'est bien conçu, bien digéré, » ce n'est pas même écrit en français, et pourtant on se laisse entraîner malgré soi par l'imprévu de l'action, par la vérité chaude de certains tableaux, surtout par les éclats qui jaillissent de ce style comme d'un fer rouge battu. A de certains moments, Rétif de la Bretonne rappelle Hoggarth, avec plus de désordre dans la composition; d'autres fois, on serait bien embarrassé de trouver à qui le comparer. Son imagination au pied nerveux, va, court, s'égare, saute les haies et les fondrières, bondit à travers les escarpements de la pensée, et ne s'arrête que devant les abîmes infranchissables de l'inconnu.

La Paysanne pervertie, qui est la suite ou plutôt le complément du *Paysan*, ne fut publiée que quelques années plus tard; conçue dans le même esprit, elle n'obtint cependant qu'un succès secondaire.

Ce fut à l'occasion du *Paysan perverti* qu'il se lia d'amitié avec Mercier. Sans connaître Rétif de la Bretonne autrement que par ses productions, Mercier, emporté par son caractère généreux, consacra plusieurs articles de journaux, et plus tard tout un chapitre du *Tableau de Paris*, au *Paysan perverti*. Entre autres choses excellentes, il a dit ceci :

« Le silence absolu des littérateurs sur ce roman plein de vie et d'expression, et dont si peu d'entre eux sont capables d'avoir conçu le plan et formé l'exécution, a bien droit de nous étonner, et nous engage à signaler l'injustice ou l'insensibilité de la plupart des gens de lettres qui n'admirent que de petites beautés froides et conventionnelles, et qui ne savent plus reconnaître ou avouer les traits les plus frappants et les plus vigoureux d'une imagination forte et pittoresque. Est-ce que le règne de l'imagination serait totalement éteint parmi nous, et qu'on ne saurait plus s'enfoncer dans ces compositions vastes, morales et attachantes qui caractérisent les ouvrages de l'abbé Prévost et de son heureux rival, M. Rétif de la Bretonne? »

Le pauvre Rétif qui n'était pas accoutumé à pareille aubaine, lui écrivit une lettre toute surprise et qui dut bien faire sourire Mercier. « Pourquoi êtes vous juste? lui demandait-il dans cette lettre. — Parce que j'ai une conscience, répondit Mercier ; parce que je vous ai lu et que je sais lire. Mes confrères ne savent pas tous lire : ils lisent en auteurs; moi, je lis en qualité d'être sensible et qui demande à être remué. Vous m'avez donné des idées que je n'aurais pas eues sans vous ; voilà le fondement de mon estime, et de là à l'aveu public il n'y a qu'un pas. »

§ V.

APOGÉE.

C'en était fait désormais. Le nom de Rétif de la Bretonne venait d'être inscrit au livre de la litrature contemporaine. Saisie aux cheveux en une heure de colère, la fortune montait, moitié souriant, moitié boudant, son escalier obscur et sans rampe. En moins de dix ans, il amassa plus de soixante mille francs. Il devint célèbre. Il eut un nom en dépit de la critique, de tout le monde, en dépit de lui même et de ses habitudes populacières. Les libraires vinrent à sa rencontre, la province le rechercha. Il ne prit pas une place au milieu des écrivains d'alors, il resta une exception étrange au milieu d'eux. Sans grammaire et sans orthographe, il balança la vogue des savants et des beaux esprits. Ce fut un spectacle unique.

A cet homme qui eut toutes les ambitions et toutes les audaces, il prit la fantaisie de s'attaquer à Jean-Jacques et de refaire l'*Émile* sous le titre de l'*École des Pères*; cet ouvrage, sorti mutilé des mains de la censure, eut l'honneur d'être attribué pendant quelques jours à Diderot. L'*École des Pères* fut suivie des *Gynogra-*

phes, de l'*Andrographe* et du *Thesmographe*, qui forment les 3ᵉ, 4ᵉ, et 5ᵉ volumes des *Idées singulières*. Par une de ces extravagances sérieuses dont il a le monopole, il plaça à la fin du *Thesmographe* une farce de théâtre, intitulée le *Boule-doque* et dirigée contre son propriétaire qui venait de lui donner congé.

Il avait alors quarante-trois ans, ce qui lui inspira l'idée de faire le *Quadragénaire ou l'âge de renoncer aux passions ;* mais, loin de renoncer à l'amour, jamais au contraire il ne s'y était livré avec plus de fougue juvénile. Son *Quadragénaire* renferme la plupart des lettres qu'il écrivait aux filles de modes d'un magasin de la rue Saint-Honoré, au coin de la rue de Grenelle, et quelques réponses de ces demoiselles. Les modistes ont toujours été sa grande passion. Il se connaissait en rubans et en dentelles autant qu'une élégante ; nul mieux que lui ne savait distinguer les chapeaux à la Washington des chapeaux à la Philadelphie ; les Poufs en griffe d'avec les Poufs à la Pandour, et les Chersonnes d'avec les bonnets au *parc anglais*. Un autre de ses grands bonheurs, lorsqu'il avait terminé sa journée à l'imprimerie, c'était de se déguiser en commissionnaire et de remettre, sous ce costume, aux plus jolies boutiquières, des poulets amoureux qu'il signait du nom de *mousquetaire*

Leblanc. De cette façon, il pénétrait dans les intérieurs, étudiait les physionomies et, suivant l'impression produite par son style, il revenait le lendemain en habit de mousquetaire chercher la réponse à la lettre qu'il avait portée lui-même en veste de ramoneur.

Son ouvrage le plus estimable et celui dont à coup sûr le succès a été le plus général, sinon le plus retentissant, est ce délicieux petit tableau de mœurs campagnardes qu'il a appelé la *Vie de mon père.* Là tout est frais, calme, majestueux comme la vertu même; on croirait lire le pendant de l'histoire de Tobie ; aussi un homme d'État disait-il avec raison : «Je voudrais que le ministère en fît tirer cent mille exemplaires, pour les faire distribuer gratis à tous les chefs de bourgs et de villages.» Malheureusement Rétif de la Bretonne ne persista pas dans cette voie pure et douce qui eût été pour lui la voie du salut littéraire. L'amour de l'amour l'emporta sur l'amour de la famille. Le roman qui suivit, *la Malédiction paternelle* ou *Lettres de Nicolas à ses parents, ses maîtresses et ses amis,* est, selon ses propres termes, « une éruption violente de sentiment. »

Jetons encore de côté, pour alléger notre bagage, une vingtaine de volumes, qu'on retrouvera au catalogue, et réservons notre examen pour un ouvrage dont la vogue a égalé celle du *Paysan perverti*, et qui, par l'immensité des tableaux qu'il embrasse, a forcé l'attention pendant plusieurs années. Nous voulons parler des fameuses *Contemporaines*.

Rétif de la Bretonne était, comme nous l'avons dit, le plus intrépide coureur d'aventures qui se puisse voir. Rien ne l'effrayait, rien ne l'arrêtait. Une porte se trouvait-elle ouverte devant lui, il entrait ; il montait l'escalier. — Est-ce vous? disait une petite voix.—Oui, répondait-il. Et puis, à la grâce de Dieu! Toutes les jolies femmes qu'il a rencontrées, il les a suivies ; toutes les femmes qu'il a suivies, il leur a parlé ; le plus grand nombre de celles à qui il a parlé l'ont écouté. Quelle perspective! — *Les Contemporaines* ou *Aventures des plus jolies femmes de l'âge actuel*, sont le résultat de ses excursions et de ses espionnages persistants à travers Paris; elles présentent un ensemble formidable de de soixante-cinq volumes et sont classées de la sorte : *Les Contemporaines mêlées, les Contemporaines du commun, les Contemporaines graduées, les Françaises, les Parisiennes, les Provinciales,* et *le Palais-Royal.* Imaginez un énorme magasin de nouvelles, un panorama à la façon de Boccace et de la reine de Navarre, vaste agglomération des joies, des misères, des amours, des hontes et des scandales d'un siècle à l'agonie ; vous aurez l'œuvre de Rétif de la Bretonne. *Les Contemporaines mêlées* comprennent une centaine d'aventures environ, au nombre desquelles nous recommandons comme étant d'une lecture agréable : *Le Mari à l'essai, le Premier joli pied, la Morte vivante, et la Fille de trois couleurs.* Dans *les Contemporaines du commun*, l'auteur se sent plus à l'aise ; il est tout à fait dans son élément avec les ravaudeuses, les horlogères, les fleuristes, les batteuses d'or et les houssières-panachères ; voire même les éventaillistes et les marchandes de *marrons boulus, marrons grillés*. On voit qu'il ne se gêne pas du tout pour prendre la taille aux grisettes qu'il rencontre sur son chemin, et que sa plume est habituée à traiter lestement le chapitre de leur vertu. On remarque particulièrement dans cette série : *Les Quatre jolies rôtisseuses, la Belle parfumeuse, et le Deuxième joli pied.* Les *Contemporaines graduées* montrent d'abord les femmes du bel air : la duchesse, la marquise, la baronne ; études de peu d'importance. Viennent ensuite les femmes de guerre et les femmes de robe : la Maréchale, la Présidente, la Baillive, la Procureuse et l'Huissière ou le *décocu* et l'*ex-cocu*. Puis enfin, après les bourgeoises et les femmes de lettres, ce sont les comédiennes, de haut et de bas étages : tragédiennes, *opéradiennes*, *arietteuses*, *dramistes*, actrices du théâtre d'Audinot, paradeuses et danseuses de corde de chez Nicolet. Là s'arrêtent les *Contemporaines* proprement dites, soit quarante-deux volumes ; chaque contemporaine est accompagnée d'une estampe. *Les Françaises, Les Parisiennes* et *Les Provinciales* (ou l'*Année des Dames nationales*) complètent cette volumineuse collection. C'est aux *Parisiennes*, excellent ouvrage de mœurs, qu'il fut question de donner le prix d'utilité publique en 1788. Quant au *Palais-Royal*, c'est une production dans le goût du *Pornographe*, avec un but moins moral peut-être, mais plus féconde en renseignements, un livre de bonne foi, eût dit Montaigne, et qui n'a guère d'équivalent, par les détails singuliers qu'il renferme, que dans la Satire de Pétrone.

Ces *Contemporaines*, dont nous venons de tracer le sommaire en peu de mots, ont longtemps occupé Paris ; elles ont eu la vogue des plus célèbres romans de nos jours. Non pas qu'elles soient toutes également intéressantes, mais elles offrent une inépuisable fécondité d'imagination et une variété infinie de caractères. Elles ont particulièrement l'avantage, sur tous les contes moraux de cette époque, de peindre les mœurs avec une inflexible réalité. Chaque ligne est fouillée dans le cœur, sous une impression toute récente et qui laisse sentir le frais du baiser ou le chaud d'un verre de vin.

Aussi les héros de Rétif n'avaient-ils pas de peine à se reconnaître dans ses ouvrages. « Combien de fois, dit-il, au milieu des rues où je méditais silencieusement, parmi les embarras des chars rapides, des pesantes voitures de bois, de boues, de pierres, environné de troupeaux de moutons et de bœufs, entraîné par la foule qui sortait des églises, des spectacles, ou qui poursuivait un voleur, combien de fois ne me suis-je pas vu retenu par le bras : — Vous avez bien peint M. un tel avec Mme une telle, c'est leur aventure mot pour mot. » Bien certainement, jamais pareille chose n'est arrivée à Marmontel, non plus qu'à La Dixmerie ou à Mlle des Uncis.

Cette publication fut pour Rétif de la Bretonne l'apogée de sa fortune et de sa réputation. Le grand monde lui-même commença à s'enquérir curieusement de cet écrivain, vivant en dehors des salons et n'ayant d'autre compagnie que celle des ouvriers imprimeurs, ses confrères. Était-il grand ou petit ? brun ou blond ? Quel était son âge, son caractère, ses habitudes ? se demandait-on dans plusieurs cercles aristocratiques. Maints grands seigneurs se hasardèrent à coller leurs regards aux vitres des auberges, dans l'espoir d'y découvrir ce *drôle de corps*, mais ce fut en vain. Il fallut user de subterfuges pour l'attirer au sein d'une société pour laquelle il ne se sentait pas fait, et qu'il avait évitée jusque-là avec autant d'obstination qu'elle en mettait maintenant à le rechercher.

Un jour de novembre 1789, il reçut une invitation à dîner de M. Senac de Meilhan, intendant de Valenciennes, avec lequel il avait eu quelques relations d'affaires dans le temps. C'était un homme fort aimable, occupé lui-même de littérature et de poésie légère. Rétif de la Bretonne, cédant sans doute à ces considérations, se rendit chez lui, rue Bergère, à l'issue de la séance de l'Assemblée nationale. Il pouvait être trois heures. On attendait encore deux dames et plusieurs messieurs. A quatre heures et demie, tout le monde étant arrivé, on se mit à table. Rétif fut placé entre une sorte d'amazone aux mouvements mâles, à la voix haute, au regard assuré, qu'on lui dit être une Mme Denis, marchande de mousseline rayée; et une autre dame, plus timide ou plus fière, à qui l'on ne donna point de qualité. Les autres convives étaient un petit homme, propret, en surtout de laine blanche; un beau garçon de vingt à vingt-cinq ans, à physionomie ouverte ; un quatrième un peu boiteux, et deux autres qu'il ne remarqua pas. On causa politique ; la marchande de mousseline rayée demanda à diverses reprises : — Que dit le peuple ? Elle fit beaucoup d'amitiés à Rétif et lui demanda la permission d'aller le voir, ce qu'il n'eut garde de refuser. Bref, le repas fut des plus animés. Rétif, d'ordinaire renfrogné et taciturne, devint fort éloquent dès qu'on le mit sur le chapitre de ses ouvrages ; il charma tout le monde par le feu et l'abondance de son élocution, surtout Mme Denis, surtout l'homme à la physionomie ouverte.

Le lendemain, voici le billet qui lui fut remis de la part de M. de Meilhan : « Mme Denis, marchande de mousseline rayée, est la duchesse de Luynes ; l'autre dame, la comtesse de Laval ; le beau fils, qui se faisait nommer *Nicodême*, Mathieu de Montmorency ; l'homme un peu âcre, un peu boiteux, l'évêque d'Autun ; l'homme au surtout blanc, l'abbé Sieyès. C'est pour vous que cette compagnie est venue. On m'avait chargé de vous inviter. »

Tels étaient en effet les personnages brillants dont Rétif avait excité la curiosité, et qui avaient voulu le voir de près. Leur désir ne se borna pas là. La duchesse de Luynes vint au bout de trois semaines lui faire la visite qu'elle lui avait promise ; elle revint même plusieurs fois, tantôt avec son neveu, tantôt avec l'abbé Sieyès. Ce dernier, voulant donner à Rétif de la Bretonne un témoignage de sa sympathie, lui avait envoyé tous ses ouvrages politiques.

A peine cette aventure se fut-elle répandue dans le public, que tout le monde voulut l'avoir à souper. Ce fut une mode, une folie. Le duc de Mailly et le comte de Gemonville renouvelèrent la scène des travestissements, en se faisant passer à ses yeux pour des académiciens de Picardie. Le duc l'embrassa plusieurs fois ; tous les deux ne pouvaient se lasser de le voir et de l'entendre. Cette première partie fut même suivie d'une seconde, à laquelle assistèrent la duchesse de Mailly, Mme de Chalais, sa sœur, et la comtesse d'Argenson. Rétif finit par prendre son parti en galant homme et par s'amuser de la flatterie des grands, d'autant plus que ce n'était pas un commensal ordinaire, celui qu'il fallait avoir par force ou par surprise. Il ne caressait pas, il se laissait caresser.

J'insiste sur le côté brillant et heureux de la vie de Rétif de la Bretonne, parce que ce côté est à peu près ignoré. Oui, l'auteur si dédaigneusement surnommé le *Rousseau des halles*, le *Vol-*

taire des femmes de chambre, eut de grandes relations et de hautes amitiés. Il fut jusqu'au dernier moment le camarade de Beaumarchais. Chez Crébillon le fils, il rencontra Collé, qui lui sauta au cou et parut enchanté de le voir. En vain fuyait-il toutes prévenances, sa sauvagerie ne put lui faire éviter les éloges de Delille; et le hasard se chargea plusieurs fois de le mettre en présence de Barnave, Mirabeau, Grégoire, Lanjuinais, Kotzebue, Joseph Chénier, Joubert. Lui-même sollicita pendant trois ans la faveur d'être présenté à Mme de Staël, et il eut avec elle plusieurs entretiens qui le transportèrent d'enthousiasme.

Non, ce n'était ni un sauvage, ni un homme à rejeter de la société, celui que l'honnête Lavater appelait le *Richardson français*. Il recevait du monde, comme nous l'apprend un récit de M. Marlin, auteur de lettres sur la Révolution et de romans publiés chez Lenormant. « Les *Contemporaines* me tombèrent sous les yeux, raconte M. Marlin, et me donnèrent le désir des autres ouvrages de l'auteur; je fis la demande à Mme veuve Duchesne. M. Rétif en prit occasion de m'écrire. Je le vis peu après à Paris : il me reçut comme un compatriote et avec une distinction flatteuse; son accueil m'encouragea; je répétai ma visite et il m'en fit plusieurs, en sorte que nous devînmes un peu plus que simples connaissances. Il voulut me donner à dîner dans un jardin qu'il avait au faubourg Saint-Marceau ; j'y trouvai, avec M. Rétif et son épouse, quelques invités, parmi lesquels j'en distinguai un dont les traits, dans leur ensemble, marquaient du génie, et qui avait dans les manières une sorte de dignité moins imposante qu'aimable. Il était jeune encore et s'était déjà fait de la réputation par ses poésies. Le nom de l'écrivain achèverait son éloge, mais ce poëte aujourd'hui occupe un poste si haut, il est devenu si puissant, que je ne veux pas le faire rougir de s'être rencontré avec un homme aussi obscur que moi. Il croirait que je sollicite son crédit, quoique je ne sois ambitieux que de son estime (1). »

Cet invité n'était autre que M. de Fontanes, un des plus intimes amis de Rétif. A ce dîner, il y avait aussi Spéranzac.

Cet aperçu rapide de quelques-unes des relations de Rétif de la Bretonne devrait suffire à dissiper une partie des ombres grossières et malsaines qu'on s'est plu à accumuler autour de lui. J'ajouterai quelques documents encore. Rétif demeura toujours exempt de trois vices : le

---

(1) *Jeanne Royer*, 1814. 4 vol. grand in-8º.

vin, la paresse et le jeu. Ce fut un parfait homme d'une loyauté et d'une probité à toute épreuve. Son caractère était brusque, mais bon; ses colères ne duraient pas. On ne peut guère lui reprocher que ses attaques, plus inconsidérées qu'injustes, contre quelques-uns de ses confrères. En revanche, il avait le cœur sur la main comme il avait la vérité sur les lèvres. Il a retiré de la perdition un grand nombre de jeunes filles, soit en les ramenant dans leur famille, soit en les secourant de ses propres deniers et en les plaçant honorablement. Il y a là de quoi excuser quelques amours débraillées et les écarts d'une imagination toute de feu.

§ VI.

PENDANT LA RÉVOLUTION.

Ouvrons un autre de ses livres. Le frontispice est saisissant. Quel est cet homme empanaché d'un hibou, qui se promène solitairement dans les rues obscures? C'est encore lui. Dans le fond, sous les réverbères marqués aux fleurs de lis, on voit passer le guet à cheval et le guet à pied ; un amant enlève une dame, des voleurs crochètent une porte ; rien ne manque à la vérité de ce tableau ténébreux, pas même les petites étoiles qui clignotent sur un firmament noir. Au bas sont tracés ces mots : — Que de choses à voir lorsque tous les yeux sont fermés ! — Ce livre s'appelle *les Nuits de Paris*, il est divisé en seize parties et comprend l'histoire nocturne de la capitale pendant six années. Un jour viendra où les peintres, les graveurs et les historiens le rechercheront curieusement, comme on recherche ces vieilles tapisseries où sont reproduits dans leurs plus petits détails les costumes et les mœurs d'un autre âge. A l'époque où Rétif de la Bretonne travaillait à cet *ouvrage véhément*, comme il l'appelle, il n'était pas rare de le rencontrer le soir, adossé contre une borne, les bras croisés, l'œil fixé obstinément sur la lueur tremblante d'une fenêtre, cherchant à pénétrer ce qui se passait à l'intérieur : travail, souper ou agonie. Son instinct le portait de préférence vers les ruelles les plus sinistres, là où les réverbères étaient éteints ou cassés, parmi les *pantins* et les *catogans*. Il ne redoutait rien. Le guet le connaissait, et, le voyant de loin venir, disait : c'est Rétif ! puis le laissait faire. C'était le Don Quichotte de passé minuit, le ramasseur des ivrognes gelés, le protecteur des femmes que leur mari ou leur amant venait de jeter à la porte : — Prenez mon bras, Madame, et ne tremblez plus. — Il a su ainsi toutes les histoires espagnoles de Paris, toutes les jalousies, toutes les passions, toutes les turpitudes, tous les mystères (1).

Les causeries avec la marquise de M... rem-

---

(1) Ce n'est pas que des scènes gracieuses ou fantasques ne naissent parfois sous sa plume, témoin cette aventure poétiquement racontée sous le titre de *Nuit au Luxembourg*. Entré dans le jardin par une grille laissée ouverte, il se trouve en pleine fête d'Arcadie. « Toute la société était en bergers et en bergères ; on feignait de garder les troupeaux au clair de la lune ; on s'asseyait sur le gazon, en troupes ou deux à deux. Je pliai mon manteau, que je mis dans un coin, et je suivis en habit. Jamais je n'ai rien vu de si pittoresque, de si délicat... Bientôt il m'arriva une aventure à moi-même : deux jeunes personnes me prirent (le dirai-je?) pour un maréchal de France, auquel, apparemment, je ressemblais un peu. — Vous êtes en berger, Monsieur le maréchal, me dit l'aînée ; rien qui vous distingue, c'est bien. Je souris. La jeune personne me prit une main ; sa sœur, âgée de treize ans, me prit l'autre, et nous marchâmes, nous courûmes. J'étais ému. Je ne sais quel charme élyséen était répandu sur tout le jardin ! La lumière de la lune, les ombres, la liberté, la beauté des femmes, surtout celle de mes deux compagnes, donnaient à cette partie l'air d'un rêve...

« Nous étions tout au bout du jardin, dans l'endroit le plus solitaire. C'est là qu'étaient réunis quelques

plissent une grande partie des *Nuits de Paris ;* Rétif s'était lié de sympathie avec elle, un soir qu'il l'entendait soupirer à sa fenêtre. On sait quel est le début de ces sortes d'aventures. — Qui que vous soyez, s'était écrié Rétif, ne craignez pas de confier vos souffrances à un être qui connaît le malheur ! — O homme noir, que me veux-tu ? avait répondu la marquise, et l'entretien s'était engagé sur ces frais. Depuis, il n'avait pas manqué de se rendre régulièrement toutes les nuits sous son balcon ; quand il s'en trouvait trop éloigné, il s'y faisait conduire dans une brouette. Une fois arrivé, il

---

groupes de bergers ; l'un d'eux prit sa flûte et il en joua presque aussi bien que le chevalier de Saint-Marc, de la rue Béthisy. Toutes les bergères étaient enchantées ! Un autre avait sa musette, et l'on dansa une ronde ; j'étais de tout cela, tenant mes deux Grâces. Dans un moment où je louai leur légèreté, un homme vint leur frapper sur l'épaule ; elles lui dirent : Laissez-nous ! sans le regarder. Je levai les yeux sur cet homme... je lui ressemblais... Je compris que c'était le maréchal. Lui, de son côté, vit que les deux jeunes personnes le boudaient, et il se retira en riant... Cependant, pour ne pas me discréter, je m'éclipsai adroitement ; je sortis par le jardin grillé, je traversai l'hôtel, le portier m'ouvrit, et je me trouvai dehors à quatre heures du matin. » T. VI, p. 2620.

racontait à la marquise ses impressions de la nuit, ses rencontres, les observations recueillies en chemin. S'il y avait du bien à faire quelque part, une aumône à glisser sous la porte d'une mansarde ou une jeune fille à retirer du vice, c'était la marquise qui s'en chargeait, en remerciant Rétif du fond de son cœur. Cela n'est pas une fiction. « A demain ! lui disait-elle, et puissiez-vous rencontrer beaucoup d'autres malheureux ! » Il vaguait encore une heure ou deux par les rues désertes avant de rentrer chez lui, et, comme il avait l'habitude de porter toujours une écritoire dans sa poche, il s'en allait écrire sa relation de nuit sur une borne, à la lueur d'un réverbère, ou, plus ordinairement, sur les parapets de l'île Saint-Louis.

La Révolution vint le surprendre au milieu de ce livre. Il n'en continua pas moins ses promenades en dépit des rondes de sections et des metteurs à la lanterne ; mais la fenêtre de la marquise se referma. Dans le dernier volume des *Nuits de Paris*, volume très-rare, il retrace les désordres du peuple-roi avec une vérité d'épouvante à laquelle ont rarement atteint les Mémoires contemporains. Il est vrai de dire qu'il joua souvent sa tête à ce jeu terrible de spectateur au premier rang. Entre autres particularités audacieuses, il avait une petite échelle de corde qui lui servait à s'introduire nuitamment dans le jardin des Tuileries en escaladant les grilles. Poussé par une invincible mais non point stérile curiosité, il se mêlait à tous les groupes, était de tous les mouvements et de toutes les séditions ; dans ces cas-là, disons-le à sa louange, il lui est arrivé fréquemment de détourner le couteau d'un assassin et de plaider la cause d'une victime. Orateur malencontreux, les patriotes le repoussaient en haussant les épaules ; les femmes le regardaient de travers. Deux fois même il fut dénoncé ; mais son âge et surtout la simplicité de ses vêtements le protégèrent mieux que ne l'eussent fait son nom et ses ouvrages.

Il a raconté un dîner qu'il fit en 1793 et où se trouvait Mlle de Saint-Brice, ancienne femme de chambre du petit Dauphin. « Auprès du feu, dit-il, l'aimable Saint-Brice nous détailla les particularités de la fuite du roi. On la pria ensuite de nous donner les détails de sa salvation de la prison de la Force, avec Mme et Mlle de Tourzel, lors des massacres de septembre. Elle s'y refusait. M. de Lalande se mit à genoux le premier, l'abbé Delille en fit autant ; je les imitai. — Un mot ! un mot qui sera la vérité ! Nous la fléchîmes. Elle nous raconta comment le municipal Tallien les avait tirées de prison, à travers les sabres nus, et les avait conduites, elle et Mlle de Tourzel, dans le Petit Saint-Antoine (quant à Mme de Tourzel, le même municipal avait eu la précaution de l'envoyer sur-le-champ à Sainte-Pélagie); comment elle avait été conduite chez ses parents par le citoyen Tallien lui-même; comment elle n'avait pas encore été redemandée..... Ce récit fut très-intéressant. Je n'ai revu qu'une fois depuis Mlle de Saint-Brice. »

La République devint fatale à Rétif. Il y perdit sa réputation et son argent. Il ne perdit pas le courage. En proie à des préoccupations funestes, il trouva le loisir de publier son Théâtre complet, soit dix-sept pièces plus ou moins écrites au point de vue de la représentation : drames, comédies, opéra-comiques. En parlerons-nous? pourquoi pas? Quand ce ne serait que pour citer quatre ou cinq pièces dont quelques auteurs ont su s'accommoder fort bien : *le Père Valet*, avec lequel M. Bouilli a fait *l'Abbé de l'Epée*; et *les Fautes sont personnelles*, mis en vers par M. Laya. Ce dernier drame particulièrement renferme un quatrième acte qui serait applaudi partout ; on y voit une fille amener son père sur la scène, noble vieillard privé de la raison depuis le crime de son fils, et qui n'a constamment à la bouche que ces paroles ter-

ribles : Dites-moi, ai-je encore de l'honneur ?
— *Epiménide* est un essai de comédie antique avec des chœurs où l'on trouve quelques strophes d'un bon jet. D'autres pièces, telles que *la Cigale et la Fourmi,* et celle qui porte le titre singulier de *Sa Mère l'allaita,* ne manquent ni de grâce ni de sentiment. Donnez à Rétif de la Bretonne un collaborateur choisi parmi les habiles d'aujourd'hui, retranchez quelques scènes, émondez le dialogue, et vous aurez un auteur dramatique de plus, à qui vous ne pourrez contester l'originalité ni l'invention. *Le Loup dans la Bergerie,* si souvent plagiée, est une comédie mêlée d'ariettes que M. Auber ne refuserait pas de réchauffer des feux de sa musique. Les vers en sont tournés avec cette facilité de confiseur qui commence à Quinault pour ne pas s'arrêter à M. de Planard. En voici un échantillon :

> Je portais seule un jour
> Une belle coiffure ;
> Je trouvai dans la cour
> Un monsieur fait au tour,
> Qui me dit : — Je vous jure,
> Vous êtes un amour !

D'après cette citation, il est aisé de voir que Rétif de la Bretonne, né soixante ans plus tard, eût très-convenablement tenu sa place parmi les dramaturges et les vaudevillistes de notre époque. Cependant il ne put jamais réussir à se faire jouer autre part que sur des théâtres de société et dans des maisons d'éducation.

§ VII.

SES MALHEURS, SA VIEILLESSE ET SA MORT.

C'est maintenant à la décadence de Rétif de la Bretonne que nous allons assister, décadence souvent douloureuse.

En 1794, il commença la publication de son *Monsieur Nicolas, ou le Cœur humain dévoilé*, sur lequel il avait bâti les plus grandes espérances ; ce nouvel ouvrage, conçu dans le goût des *Confessions* de Rousseau, imprimé sur mauvais papier, en caractères souvent illisibles, comprend l'histoire générale de sa vie, de ses relations et de ses aventures secrètes ou publiques. « C'est Nicolas-Edme qui s'immole, dit-il dans son introduction, et qui, au lieu de son corps malade, lègue aux moralistes son âme viciée pour qu'ils la dissèquent utilement. Je suis né avec des passions vives ; elles m'ont rendu heureux et malheureux. J'ai été cynique

par un sentiment superbe de mon mérite. Lisez-moi, me voilà devenu un livre à mon tour. »
Monsieur Nicolas est divisé en dix-neuf parties : la première, consacrée à la peinture de son enfance au sein des campagnes de la Bourgogne, est une idylle d'une forte venue, odorante et chargée de fleurs sauvages comme un buisson au printemps. Celles qui suivent n'ont plus cette âpreté naïve ; et plus on avance dans la vie du héros, plus on regrette de le voir grandir. Ses amours surtout sont racontées avec une verdeur de langage qui eût effarouché même les grandes dames de Duclos, qui cependant n'étaient pas des bégueules, tant s'en faut ; ses inclinations majeures sont imprimées en très-forts caractères. Plus tard, il écrit minutieusement l'histoire de ses maladies, sans omettre une seule indigestion (1), entrant dans

---

(1) « Ma première indigestion date de Courgis, en 1748, pour avoir soupé d'une cuisse de lièvre; la deuxième eut lieu en 1758, après la double perte de Zéfire et de Suadèle... Mes dents se noircirent pendant que j'étais en pension chez l'abbé Thomas..... A mon retour de Dijon, en 1759, au mois de septembre, j'eus la fièvre quarte, occasionnée par une pluie d'orage qui m'avait trempé jusqu'aux os, etc., etc. » T. IX, p. 5224 et suivantes.

des détails de la plus désespérante puérilité. Cette publication, qui dura trois ans, fut interrompue plusieurs fois par le manque de ressources. A divers intervalles, il s'arrête au milieu de son livre, coupant court au récit commencé, pour exhaler l'amertume dont son âme est remplie, et pour retracer sa misère profonde : « Lecteurs, je vous livre mon moral pour subsister quelques jours de plus, comme l'Anglais condamné vend son corps. A quoi tient ma vie ? *Je manque de chemises.* Tout mon travail, quoique redoublé, ne suffit plus, depuis sept ans, à payer mes dettes. » Néanmoins, il poursuit son œuvre jusqu'à la fin. Une fois l'heure donnée aux découragements, l'énergie reprend le dessus, et il retourne à sa tâche. *Monsieur Nicolas* lui sert, en outre, de petites affiches ; il y rédige ses annonces au public, ses avis et demandes, comme dans le passage suivant, empreint d'une bonhomie navrante : « J'ai soixante-trois ans ; je vis seul, isolé. Ma fille Marion, chez laquelle je mange, est veuve, a l'embarras de trois enfants et point de fortune. Il me faudrait une compagne de quarante à soixante ans, assez aisée pour me nourrir. J'ai encore d'excellents ouvrages à faire dont les plans sont tracés ; je les ferais paisiblement et produirais au delà de ma dépense. »

Les luttes incessantes de ce vieillard, qui se débat dans le silence, voyant la ruine et l'oubli le gagner peu à peu, rendent ce livre d'une lecture vraiment pénible, et font qu'on se sent tout à coup attristé, au milieu d'une folle amourette, par quelque confidence du genre de celle que nous venons de citer. Il ne faut donc pas être trop surpris si, au terme de cette vie exubérante et remplie comme pas une, après mille traverses et mille aventures, il est quelquefois arrivé à Rétif de la Bretonne de chanceler dans sa raison et de sentir monter à son visage de grandes bouffées d'orgueil. Une patrouille de nuit l'arrêtait-elle dans ses promenades et lui demandait-elle son nom : — Je suis le *Paysan perverti* et le *Contemporaniste!* répondait-il, en relevant fièrement sa tête. Personne ne prit plus que lui son rôle au sérieux, personne ne s'exagéra plus fermement l'importance de ses ouvrages. Le treizième volume de **Monsieur Nicolas** porte cette inscription au bas de son frontispice : « Se vend à Paris et chez tous les libraires de l'Europe, *cet ouvrage étant destiné à toute la terre.* »

Le quatorzième volume est intitulé **Morale** ; le quinzième **Politique** ; il contient quelques conversations de l'auteur avec Mirabeau, et développe des théories gouvernementales que l'on a souvent traitées d'absurdes, et où nos socialistes, Fourier, Proudhon et Pierre Leroux ne se sont pas fait faute de puiser à pleines mains. Un autre est consacré à la récapitulation historique des filles et femmes du royaume qu'il a connues, particulièrement de celles qu'il a rendues mères. — « Lorsque je faisais mon *Pornographe*, mes sens étaient trop accessibles pour que je ne succombasse pas quelquefois. Il est résulté de là qu'au bout d'un terme, comme de quinze à vingt-quatre ans, j'avais rendu mères, dans l'espace de dix ans, une *soixantaine* de ces infortunées..... » (*Monsieur Nicolas*, IXe époque, page 3210.) Jamais écrivain n'atteignit un chiffre de bonnes fortunes aussi exorbitant ; on peut dire en cela qu'il a payé pour plus de cinquante littérateurs.

Monsieur Nicolas eut peu de succès, très-peu ; Rétif essaya vainement d'en faire une édition nationale à dix louis l'exemplaire ; il ne put réussir à trouver un nombre suffisant de souscripteurs. Il avait aussi annoncé des estampes qui n'ont jamais été gravées. En même temps que *Monsieur Nicolas*, il faisait paraître un autre ouvrage, où les mêmes scènes de sa vie sont découpées en petites pièces de théâtre destinées à être jouées par des *ombres chinoises*. Tout est bizarrerie chez Rétif de la Bretonne, on est fixé là-dessus. La réunion de ces Mémoires en dialogues est intitulée : le *Drame de la vie, contenant un homme tout entier.*

Le décret de la Convention du 14 nivôse an III, qui accordait des secours à plusieurs gens de lettres, comprit Rétif pour deux mille francs dans cette répartition.

Il en avait bien réellement besoin, car quelque temps ensuite il sollicitait du secours auprès de Beaumarchais, et voici ce que Beaumarchais lui répondait :

« 7 frimaire an v. »

« En effet, mon pauvre Nicolas, vous aviez oublié de m'indiquer votre demeure, et je ne savais où vous prendre. Mais ce que vous ne savez pas, c'est que le diplôme honorable, qui m'a rendu à mon pays après trois ans de proscription, en attendant les idées de justice qu'adopte le gouvernement actuel, n'a pas réparé le pillage, la dilapidation entière d'une fortune considérable. Depuis cinq mois que je suis revenu, je n'ai, sur tous mes capitaux et mes arrérages échus, touché que trois louis et demi. J'ai perdu, mon ami, le plus touchant plaisir de mon aisance, la possibilité d'obliger, du moins jusqu'à des temps moins désastreux. Je souffre, j'attends et j'espère : c'est toujours bienfait d'espérer ! Mais, auprès d'un luxe effréné, voir une misère effroyable ! Ceux qui étaient derrière les fiacres, insulter, du fond des voitures, tous ceux qu'ils en ont fait descendre, en déshonorant les grands mots de liberté, d'égalité, les lois, la morale publique ! Il faut être bien philosophe pour voir tout cela de sang-froid !.....

« Je vous aime, et ne puis vous aider.

« Beaumarchais (1). »

Grâce à la loi du divorce, il se sépara de sa seconde femme, Agnès Lebègue. Presque tous les biographes ont prétendu qu'il s'était remarié, en troisièmes noces, avec une vieille personne de plus de soixante ans, nommée Jeannette Rousseau, et qu'il avait adorée en secret autrefois. En cela, les biographes ont été abusés par Rétif lui-même, chez qui les aspirations étaient tellement vives qu'il s'est complu maintes fois à leur donner les couleurs de

---

(1) Beaumarchais lui avait proposé autrefois de diriger son imprimerie de Kell; car, faisons-le remarquer, Rétif était un prote excellent, qui gardait pour lui ses systèmes et se montrait fort soucieux de la langue et de l'orthographe pour les ouvrages des autres.

la réalité; aussi ne faut-il pas toujours prendre au pied de la lettre les affirmations de ce passionné rêveur. Du reste, l'histoire de ce prétendu mariage est contenue tout entière dans deux notes imprimées de *Monsieur Nicolas*. Voici la première (quatrième époque, page 996) : « Aujourd'hui, 16 nivôse (6 janvier 1794), attaqué en divorce par Agnès Lebègue, je médite une lettre pour demander en mariage Jeannette Rousseau, née le 19 décembre 1731. »

La seconde note est marginale; elle se trouve à la quatrième époque, page 1235. « Aujourd'hui, 24 mars 1794, j'apprends que Jeannette Rousseau est morte depuis quelques années. »

De ces deux notes, les biographes n'ont lu sans doute que la première; de là leur erreur.

Rétif de la Bretonne avait eu, de son mariage avec Agnès Lebègue, deux filles, jolies toutes deux. L'aînée s'appelait Agnès, la cadette Marion. Mariée en premières noces avec un sieur Augé, qui ne la rendit pas heureuse, Agnès profita, elle aussi, du bénéfice du divorce et épousa M. Vignon. Marion avait épousé un de ses cousins, du nom de Rétif; mais elle devint veuve en 1778, et elle retourna chez son père, que, dès lors, elle ne quitta plus.

Il avait acquis une petite imprimerie, qu'il faisait marcher avec un ou deux ouvriers seulement ; bientôt il fut obligé de la vendre. Il continua cependant d'écrire, mais sans avoir les moyens d'imprimer. Ce fut de la sorte qu'il composa *les Mille et une Métamorphoses, l'Enclos et les Oiseaux,* et *les Tours de passe-passe des Epouses de Paris,* dont les manuscrits ont été sans doute égarés.

Forcé de renoncer à la publicité du roman, il essaya de la publicité des journaux ; car il voulait toujours jouer son role et prendre sa part dans le mouvement intellectuel. Voici une lettre qui fut insérée dans un journal du Directoire (le *Bien Informé* , n° 486 , 7 frimaire an vii) et que nous transcrivons , d'abord à cause de la rareté de ce journal, ensuite parce qu'elle donne une idée assez complète des sentiments philosophiques et anti-chrétiens de Rétif de la Bretonne :

« AU BIEN INFORMÉ.

Catéchisme universel, par Saint-Lambert.

« Je ne connaissais que superficiellement Saint-Lambert. Son ouvrage vient de me pénétrer d'estime pour lui. Il a eu le bon sens, la saine philosophie, en parlant de *morale*, de la rendre indépendante de tout système religieux.

« En effet, rien n'est si dangereux (l'expérience le prouve) que de baser la morale sur une religion, telle qu'elle soit, surtout chez une nation éclairée. Le christianisme catholique est celle qu'il faut le moins choisir pour fondement à la moralité. Cette religion a un grand défaut, pour ne rien dire des autres, c'est d'être arrivée au bout de dix-huit cents ans à un point diamétralement opposé à son institution. Les conciles, les Pères, la discipline, l'ont absolument changée. Il n'est pas resté un seul point inattaqué! L'amour des richesses et les richesses elles-mêmes ont remplacé la pauvreté recommandée ; le despotisme, l'inégalité, la souveraineté ont remplacé l'égalité fondamentale et de précepte. Il était textuellement défendu d'appeler personne son père ou seigneur, et les évêques apostats se faisaient appeler *monseigneur ;* des moines célibataires, de stériles moinesses, forçaient à les appeler mon *père*, ma *mère !*

«*Jesuah,* fondateur du christianisme, ne serait pas chrétien s'il reparaissait. La messe, la cène, l'unique sacrifice des chrétiens, est dénaturée ! C'était un souper fraternel qui réunissait, nourrissait à une même table tous les frères, et l'on sait aujourd'hui ce que les catholiques ont fait de leur messe. Quel homme de bon sens, en voyant ces contrariétés, croira une religion, qui a trois fois changé depuis son établissement ?

et, si elle ne peut être croyable que pour les sots et les ignorants, quel est l'homme sensé qui osera la donner pour base à la moralité ?

« La maxime par laquelle l'auteur dit *que l'homme reçoit ses idées morales comme toutes les autres, par les sens,* est d'une éternelle vérité. Un fou, un enthousiaste qui sent comme la *pythonisse* un dieu au dedans de lui, peut seul la contester. L'auteur de la nature ne nous parle que par les sens. Ce sont les hommes fourbes qui nous parlent par l'illusion et les miracles. Tout miracle est un blasphème contre l'ordre éternel, qui est Dieu.

« Un fat, un énergumène, un monstre superstitieux, peut seul avancer que *c'est outrager la raison, les mœurs et la saine philosophie, de dire que l'éducation est indépendante de tout sentiment, de tout principe religieux.* Fondez la morale, fous atrabilaires, sur la réciprocité ; c'est la seule base raisonnable, et Dieu est l'auteur de la raison ! C'est un blasphème de dire que notre raison nous trompe ! Toutes les religions furent une erreur, commode aux premiers instituteurs des sociétés, nuisible aux trompés.

« *On ne conçoit rien à la haine qu'ont témoignée contre la religion quelques sophistes.* Homme vil et fourbe qui parle ainsi, regarde le mal qu'ont fait et que font ses prêtres.... Regarde la *Vendée,* regarde la *Belgique,* et sors de ton étonnement !

« Quand au culte à rendre à l'Être suprême, il est louable. Mais c'est encore une absurdité de dire qu'il a été laissé à la disposition de l'homme, qui pourrait en priver l'Être suprême ! Non, non, l'hommage physique que rend toute la nature, et qui ne dépend pas de l'homme, est le seul nécessaire.

« L'hommage moral est nécessaire à l'homme s'il ne l'est pas à Dieu. C'est convenir avec moi de son inutilité.

« Rétif de la Bretonne. »

Son dernier ouvrage, paru en 1802, porte le titre des *Posthumes* ou *Lettres du Tombeau ;* le pauvre homme se faisait alors si peu d'illusion sur son crédit auprès du public, qu'il le publia sous le nom de Cazotte, à l'aide d'une fable tant bien que mal forgée : « Nous soupions ensemble, dit-il, deux fois par semaine, ensuite par décade, chez la comtesse de Beauharnais, rue de Tournon. Cazotte m'aimait et aimait mes ouvrages. Il me remit son travail quand il eut des craintes d'être arrêté, et il me chargea de le publier sous mon nom, croyant alors que ce serait un moyen de succès et d'éviter la persécution. Ces deux motifs n'existent plus ; Cazotte est réconcilié avec ses bourreaux, et ma réputation est tombée. » Par malheur, cette supercherie eut un résultat tout autre que celui qu'il en attendait ; la police saisit le soi-disant livre de Cazotte, sous prétexte qu'il renfermait de scandaleuses révélations sur quelques personnes touchant de très-près au gouvernement. Cet ouvrage, véritable fruit d'une imagination en délire, est à la fois un roman, un conte fantastique, une apologie des idées pythagoriciennes, un précis de la Révolution française et un système de physique. Dans ces vagabondages de la pensée, on est quelquefois surpris d'apercevoir des lueurs étranges et soudaines ; jamais tant de verve ne se rencontra dans autant de folie, jamais les dernières heures d'un vieillard ne furent illuminées d'une plus flamboyante audace (1).

---

(1) Le fragment suivant fera juger du reste : « Une puissante comète, déjà plus grosse que *Jupiter*, s'était encore augmentée dans sa route en s'amalgamant six autres petites comètes languissantes. Ainsi dérangée de sa route ordinaire par ces petits chocs, elle n'enfila pas juste son orbite elliptique, de sorte que cette infortunée

Rétif de la Bretonne avait mis son dernier écu dans l'impression des *Posthumes* ; aussi, à la fin du quatrième volume, le voit-on faire un dernier appel au public, et tendre ses bras de tous côtés vers un généreux éditeur : « Que le lecteur sensible, dit-il, se représente un vieillard de soixante-huit ans commencés, qui a tant travaillé pour l'utilité publique... Je ne me suis jamais occupé qu'à indiquer à mes semblables différentes routes de bonheur, surtout dans l'état de mariage, qui est le plus ordinaire... Dans *les Contemporaines*, j'ai tracé 272 de ces routes, 34 dans *les Françaises*, 45 dans *les Parisiennes*, 610 dans *les Provinciales*, plus de 60 dans *les Filles du Palais-Royal*, plus de 80 dans *l'Enclos et les Oiseaux*, etc... Je ne parle pas de tant d'autres ouvrages : ils m'avaient procuré un avoir de 74,000 fr., qui ont été engloutis par les assignats. Ainsi ont disparu l'espoir et la dernière ressource de ma vieillesse ; car que ferai-je à soixante-huit ans ?... L'homme qui vient de s'épuiser pour imprimer cet ouvrage n'a que son prompt débit pour tout

---

vint se précipiter dans le centre dévorant du soleil... On prétend que la pauvre comète, brûlée vive, poussait des cris épouvantables. » Tome IV, p. 74.

moyen de subsister avec trois orphelins en bas-âge. Aidez-moi du moins à imprimer quatre ou cinq ouvrages manuscrits, dont j'hypothèquerai la première rentrée pour les frais..... venez à mon secours, s'il est possible ; jamais on n'en eut autant de besoin ! »

Ce cri déchirant fut à peine entendu, et la saisie des *Posthumes*, en lui enlevant sa dernière espérance, frappa le dernier coup au cœur de Rétif de la Bretonne. Le directeur Carnot lui était déjà venu en aide plusieurs fois ; mais Carnot n'était plus rien. Rétif se voyait donc menacé de tomber dans la plus complète infortune, lorsque M. Le Comte lui fit avoir, au ministère de la police générale, une place de quatre mille francs environ. On a dit que c'était dans la division de M. Desmarets, section du *Cabinet noir*, où se décachetaient les lettres suspectes, saisies à la poste.

A cette époque, il avait coutume d'aller chaque soir au café Manouri, sur la place de l'École. Il y faisait régulièrement sa partie d'échecs. Quelques personnes se souviennent encore de l'y avoir vu ; il portait en toute saison un manteau court, c'est-à-dire qui lui arrivait à peine aux genoux, et un grand chapeau rabattu. Joignez à cela une grosse voix, et vous aurez le personnage. Sur les derniers temps de sa vie, il poussait la négligence un peu loin, car il avait absolument cessé de voir le monde, et le monde ne courait plus après lui. Vers le 10 brumaire, il se fit arrêter deux ou trois fois (on le relâchait aussitôt) pour ses boutades en pleine rue contre l'ordre de choses politique, bien que cependant son admiration fût toute acquise à Bonaparte ; mais il tenait pour le principe républicain. En d'autres circonstances, tous les biographes se sont acharnés à dire qu'il fut poursuivi par le peuple à coups de pierres dans l'île Saint-Louis ; ce n'était pas le peuple, ce n'étaient que quelques enfants que son gendre avait ameutés contre lui.

Sur les parapets de cette même île, ainsi que sous le porche de la rue de Bretonvilliers, il avait la manie de graver les dates importantes de son existence. La plupart ont disparu, car je n'ai pu les retrouver ; mais l'une d'elles incrustée plus profondément dans la pierre, attire encore les regards sur le quai d'Orléans, vis-à-vis le nº 38. Elle offre ce mot : « Navare » et au dessous : « février 1793. » Ce qui prouve l'authenticité de cette inscription, c'est l'orthographe du mot *Navare*, où le double emploi de la consonne *r* est évité, comme dans tous les ouvrages de Rétif.

Puisque nous nous trouvons amené sur le

terrain des documents intimes, nous dirons que son écriture est souvent illisible à force de rapidité. Ses autographes sont très-rares ; il s'en est à peine produit deux ou trois, depuis cinq ans. Ajoutons qu'il ne *composait* pas sans manuscrit aussi souvent qu'on a bien voulu le dire ; lorsqu'il le faisait, comme dans quelques notes de *Monsieur Nicolas* et du *Drame de la Vie*, il avait d'ailleurs le soin de mettre à la suite : *imprimé sans copie*.

Assailli par les infirmités, il fut obligé de donner démission de sa place au ministère. Il se retira dans sa maison de la rue de la Bûcherie (1), et il y attendit la mort, dont l'approche ne fut retardée que par les soins du docteur Nauche. Nous ne nous appesantirons pas sur cette agonie, qui dut être pleine d'amertume et de tristesse. Rétif expira le 3 février 1806, à l'âge de soixante-douze ans.

Il lui fut rendu plus d'honneurs après son trépas que pendant sa vie. L'Institut qui l'avait tou-

---

(1) Cette maison porte aujourd'hui le n° 16. Elle se compose de deux étages et de mansardes. Rétif l'avait remplie du haut en bas de ses ouvrages, dont, après sa mort, la vente en bloc fut effectuée par ses filles au libraire Duchesne.

jours repoussé de son sein, sous le prétexte que s'il avait du génie, en revanche il manquait absolument de goût, l'Institut envoya une députation à ses obsèques, auxquelles assistèrent plus de dix-huit cents personnes. M. de Fontanes tenait un des glands du poêle.

Rétif de la Bretonne fut enterré dans le cimetière du Montparnasse, qui portait le nom de cimetière Sainte-Catherine.

§ VIII.

CE QUI A ÉTÉ ÉCRIT SUR RÉTIF DE LA BRETONNE.

« On vient de nous annoncer la mort de M. Rétif de la Bretonne, auteur d'un grand nombre de romans, qui ont au moins de l'originalité, s'ils ne sont pas tous avoués par le goût, et parmi lesquels il faut distinguer le *Paysan perverti*, ainsi que le *Nouvel Abailard.*» Ce fut en ces termes que s'exprima le *Journal de Paris*, le 8 février.

Le lendemain, le même journal consacra à Rétif une notice de trois colonnes, très-peu bienveillante, et dans laquelle on disait : « M. Nicolas Rétif de la Bretonne vient de mourir à Paris, âgé de 68 ans, dans la misère et l'obscurité. Sa vie elle-même ne fut qu'un triste roman, dont la moralité pourrait être celle-ci : que le talent sans conduite est un mauvais présent du ciel. »

Dans le numéro du 15, les deux filles de Rétif répondirent de la sorte à cette notice anonyme :

« Messieurs,

« La lecture de votre article sur notre père, M. Rétif de la Bretonne, nous fait sortir de l'état d'accablement où nous a jetées le sentiment de sa perte, pour rétablir quelques vérités.

« Plus intruites que vous à cet égard, nous ne devons pas souffrir que le public, qui fut toujours le confident préféré de notre père, que ce public impartial, qui a tant de fois daigné l'accueillir, soit abusé sur le compte de l'ami de la vérité.

« Notre respectable père a terminé sa vie à 72 ans, le 3 février, à midi, entouré de sa maison, composée de ses enfans, de sa domestique et de sa garde, sans souffrances, sans crainte. En le disant mort à 68 ans, vous avez sans doute daté de l'époque où il est devenu infirme.

« Jamais il n'a manqué d'un honnête nécessaire : ses enfants et petits enfants, ses sœurs, ses amis, et même ses voisins ne l'auraient pas souffert. Son infortune venait de malheurs, et non d'un manque de conduite ; quel homme fut plus que lui laborieux et infatigable ? Certes, il ne pouvait être dans l'aisance, après avoir essuyé et des banqueroutes et des remboursements en mandats; mais sa position, pour avoir été difficile, n'a point été humiliante. Le gouvernement d'un Empereur aussi humain que grand, pourvoit à tout avec dignité.

« Si cet hommage public, que nous devons à la mémoire du plus digne des pères, est accueilli de vous, Messieurs, notre reconnaissance égalera la considération distinguée avec laquelle nous avons l'honneur d'être vos très-humbles servantes.

« A. Rétif, femme Vignon.
« M. Vᵉ Rétif-d'Annay. »

Quelque temps ensuite, M. Beuchot donna dans *la Revue philosophique* (ancienne *Décade*) une nomenclature des ouvrages de Rétif de la Bretonne (numéro du 11 avril 1806; article signé : A. J. Q. B.)

En 1811, Cubières publia sous le titre de *Histoire des Compagnes de Maria*, deux volumes de manuscrits de Rétif, attestés par sa fille cadette et son gendre. Cubières fit précéder cette publication d'une longue notice sur la vie de l'auteur, où l'on trouve cette lettre fort intéressante de Mme Lebègue :

Paris, 18 octobre 1806.

« Je suis trop charmée, Monsieur, de l'honneur que vous m'avez fait, par la demande de quelques traits qui puissent être insérés dans l'éloge de mon mari, pour ne pas y répondre avec empressement; mais des malheurs, que toute la prudence humaine ne pouvait prévoir, m'ayant séparée de cet homme de mérite dès 1784, je ne puis me livrer au plaisir que j'aurais à chanter ses louanges, si le démon de la discorde n'avait pas empoisonné l'esprit de cet homme naturellement bon. Cela fut cause que durant vingt-six années, je n'eus aucune connaissance ni de ses affaires, ni de sa conduite : en vain je lui écrivais, on interceptait mes lettres. Ainsi tout ce que je puis dire, c'est que durant tout le temps que j'ai passé avec lui, j'ai eu la satisfaction de voir dans mon mari un homme fort utile au public, de plusieurs manières. J'ai vu avec admiration plus de vingt pères de famille ne subsister un nombre d'années considérable que sur le travail que leur procurait cet auteur si laborieux. Il donnait toujours la préférence aux pères et mères chargés de nombreuse famille, car il était fort charitable. Si un vieillard, homme ou femme, lui demandait l'aumône, il le conduisait dans une petite auberge pour lui faire donner un ordinaire et une chopine de vin. Pour refuser un homme âgé, il aurait fallu qu'il n'eût rien eu sur lui, etc., etc.

« Veuve Rétif, née Lebègue. »

A ces renseignements, Cubières en ajoute quelques autres, que nous croyons devoir reproduire : « La taille de Rétif de la Bretonne, dit-il, était moyenne, c'est-à-dire d'environ cinq pieds deux pouces ; il avait le front large et découvert, des yeux grands et noirs qui lançaient le feu du génie, le nez aquilin, la bouche petite, les sourcils très-noirs, qui, dans sa vieillesse, descendant sur ses paupières, formaient un mélange singulier qui rappelait à la fois l'aigle et le hibou. Je l'ai vu, dans les jours d'été, travaillant à une imprimerie avec l'habit d'ouvrier, et par conséquent la poitrine découverte, velue comme celle d'un ours. Il n'y avait pas dans sa jeunesse un homme plus robuste que lui. L'ensemble de sa figure était admirable. Une dame fort honnête le voyant pour la première fois dans sa vieillesse, s'écria : — Oh ! la belle tête ! et lui demanda la permission de l'embrasser. Rétif ne se fit pas demander cette permission une seconde fois. »

L'ouvrage de M. Marlin, *Jeanne Royez ou la Bonne mère*, d'où nous avons eu l'occasion de détacher un passage, fut édité en 1814. On y lit cette dédicace : « A NICOLAS-EDME RÉTIF. Auteur profond du *Paysan* et de *la Paysanne pervertis*, auteur ingénieux de *l'Homme volant*, historien varié des *Contemporaines*, c'est à votre exemple et sur vos encouragements que j'ai osé esquisser la vie d'une bonne mère : agréez cet ouvrage, et puisse-t-il quelquefois humecter vos joues de pleurs ! Vous reconnaîtrez cette *Jeanne* dont je vous ai entretenu dès long-tems et qui intéressait toujours votre attention, etc., etc. » M. Marlin ajoute en post-scriptum : « M. Rétif de la Bretonne n'est plus ; mais il avait accepté l'hommage de mon livre, et je ne pourrais, sans me montrer ingrat ou inconstant, le faire paraître sous d'autres auspices. »

M. Marlin, qui signait ses livres de l'anagramme Milran, se vit plusieurs fois mis en scène par Rétif sous le sobriquet de **Milpourmil**. Sur la fin, leur liaison paraît avoir été envenimée.

Les notices sur Rétif de la Bretonne contenues dans la Biographie Michaud et la Biographie des Contemporains (Jay, Norvins, etc.) sont fort incomplètes et surtout fort inexactes. Nous ne parlons pas des autres Biographies ; elles ont toutes copié ces deux-là. Elles propagent cette étrange erreur : « Sa femme ayant été assassinée par son gendre le 30 juin 1793, il se remaria l'année suivante, avec une femme de 63 ans. »

Ce prétendu assassinat a servi de thème à M. S. Henry Berthoud pour composer un article purement de fantaisie, dans la *Presse* du 4 septembre 1836 : « *Causeries sur la littérature et sur les arts* ; Restif de la Bretonne. » Dans cet article, le plus mensonger qui ait été écrit sur l'auteur des *Contemporaines*, M. Berthoud fait mourir Rétif dans la rue Pastourel : il le fait s'enivrer dans des verres sales ; il le représente malmenant une vieille femme et vomissant des invectives contre ses deux filles. Le cœur se soulève de dégoût à la lecture de ces inventions. Hâtons-nous de dire toutefois que la *Presse* publia, dans son numéro du 27, une rectification, envoyée par un des petits-fils de Rétif de la Bretonne

Il ne fut guère plus question de Rétif jusqu'en l'année 1849, époque à laquelle M. Xavier de Montépin écrivit dans le journal l'*Assemblée nationale* quatre feuilletons (26 et 28 avril ; 1er et 2 mai) intitulés : *les Communistes en* **1780**. Dans ces feuilletons, M. X. de Montépin raconte que, passant sur le quai des Vieux-Augustins, il acheta à l'étalage d'un bouquiniste le premier volume des *Contemporaines,* où se trouve une nouvelle portant ce titre : LES ASSOCIÉS, *nouvel ordre de maçons, plus utile que l'ancien.* Selon lui, « cette nouvelle contient en germe tout ce qui s'est dit depuis le 24 février à propos des associations de travailleurs, au Luxembourg, dans les banquets, dans les journaux et jusqu'à la tribune de l'Assemblée constituante. » C'est cette nouvelle que M. X. de Montépin a reproduite, en l'arrangeant, pour en tirer des analogies et des allusions politiques.

A cette époque aussi, j'imprimai dans le *Constitutionnel* (nos des 17, 18 et 19 août) une esquisse qui a servi de base à mon étude d'aujourd'hui.

L'année suivante, M. Gérard de Nerval fit paraître dans la *Revue des Deux-Mondes,* sous le titre des *Confidences de Nicolas,* une analyse du *Monsieur Nicolas ou le cœur humain dévoilé* (1). Ces confidences disent l'homme plutôt que l'écrivain, et plutôt l'amoureux que l'homme; elles ne montrent qu'un côté de Rétif de la Bretonne. En outre, M. de Nerval partage avec les biographes la croyance dans le troisième mariage avec Jeannette Rousseau; mais cette part accordée aux susceptibilités de la critique, il ne reste qu'à mentionner la grâce de son récit, et sa bonne volonté manifeste à remettre en question la valeur méconnue du romancier.

Dois-je cependant regretter, dans de certaines parties, la timidité de son appréciation? Oui. En concluant que l'œuvre de Rétif de la Bretonne n'est dans son ensemble que *décomposition efflorescente et maladive,* M. G. de Nerval condamne son propre article; il annule l'effet produit par tant de charmants épisodes, entre autres celui de **M**^{me} ***Parangon,*** et l'*Histoire de Sara.* Ce ne sont point là des anomalies, des combinaisons monstrueuses : c'est la vérité

---

(1) Les *Confidences de Nicolas* font aujourd'hui partie d'un volume intitulé : les *Illuminés ou les Précurseurs du Socialisme.*

transportée dans le livre, avec son irrésistible charme. Loin d'être un auteur de *décomposition,* Rétif ne serait-il pas au contraire un écrivain *primitif?* le dix-huitième siècle l'a toujours considéré comme tel, et le dix-huitième siècle avait peut-être raison. Les auteurs de décomposition se nomment Crébillon fils, Laclos, Louvet.

Il est impossible de suspecter la bonne foi de Rétif de la Bretonne. Nul moins que lui n'a subi l'influence de son époque, et c'est ce qui nous rend si précieux ses ouvrages. « Pourvu, dit-il en tête du *Ménage parisien,* que les jeunes couturières, lingères, faiseuses de modes, qui ont goûté mes autres romans, lisent encore celui-ci, je suis content et brave tous les *esprités.* » Sa poétique entière est là dedans.

A quelque point de vue qu'on se place, et si opposé que l'on soit à l'invasion de la démocratie dans la littérature, il n'en demeure pas moins un romancier populaire très-saisissant. Comme individu, c'est un *sujet* remarquable et duquel il fallait s'emparer. Je sais bien que les pédants de mauvaise foi voudraient l'assimiler à cet infâme marquis dont le nom est tacitement condamné en France, comme on ordonna autrefois que le fût celui d'Érostrate. Cette insinuation calomnieuse sert à merveille leurs haines contre cette école de la franchise et du mot propre, qui tend à se substituer à toutes les écoles. Par malheur pour eux, l'opinion publique, d'abord vivement excitée par la curiosité, s'éclaire chaque jour au sujet de Rétif de la Bretonne ; une réaction modérée s'opère en faveur de quelques-unes de ses productions. Lorsqu'une spéculation de théâtre mit dernièrement le titre de la *Paysanne pervertie* sur les affiches du boulevard du Temple, on a pu voir plusieurs journalistes parler avec mesure du fougueux écrivain et le séparer avantageusement des barbouilleurs de son temps (1).

Envisagée de très-près, l'œuvre de Rétif n'est pas sans analogie avec l'œuvre de Balzac, *la Comédie humaine*. Ce sont les mêmes procédés matériels : des personnes qui reviennent toujours, telle que Mme Parangon, ce lis dans l'imprimerie ; tel que l'Edmond du *Paysan-Paysanne ;* tel encore que le petit Nougaret, ce poëte de tréteaux, successivement désigné sous les noms de Gronavet, de Progrès, de Négret, et du Mamonet. Comme Balzac, Rétif de la Bretonne a un idéal de femme qu'il poursuit et qu'il

---

(1) Il y avait eu précédemment un grand vaudeville de Théaulon, intitulé le *Paysan perverti*.

rencontre quelquefois. Le sentiment paternel, fortement développé chez lui, nous a valu des pages hors ligne dans la *Vie de mon Père*, et des scènes énergiques dans la *Prévention nationale*, qui rappellent le beau drame de la *Marâtre*. En suivant complaisamment ce parallèle, on trouve encore plusieurs points de conformité entre le cynique Gaudet d'Arras et le type trop caressé de Vautrin.

Mais en outre de ces rapprochements, auxquels je n'accorde qu'une importance secondaire, il est un autre trait d'union entre ces deux romanciers qui vaut la peine celui-là d'être indiqué : c'est la prétention, égale pour chacun d'eux, de peindre les mœurs de son époque. Cette prétention s'exerce chez Rétif dans une plus basse sphère, mais elle n'embrasse pas des proportions moins énormes. Lui aussi fut un voyant; et l'ensemble de ses deux cents volumes est la reproduction fidèle des mœurs, du costume, du langage et des habitudes du peuple de 1770 à 1794. A trente ans de distance, la *Comédie humaine* se développe sur une échelle semblable : là se retrouve tout entière la société de 1830 à 1848. Balzac continue Rétif de la Bretonne, en l'élevant.

Observons encore que l'un et l'autre n'ont pas été préoccupés exclusivement de peinture intime, et que les curiosités historiques abondent dans leurs tableaux. *Les Contemporaines* nous rendent la physionomie des Porcherons, des boulevards extérieurs et des petits théâtres d'Audinot, de Nicolet et des Funambules. *Les Nuits de Paris* sont comme un appendice dramatique de l'ouvrage de Mercier. L'*Année des Dames nationales*, moins connue, et qui se compose de douze volumes, renferme des révélations très-particulières sur quelques femmes de la Révolution : Olympe de Gouges, Mme Momoro, Théroigne de Méricourt, Mme de Genlis, les maîtresses de Danton. L'histoire de Lucile, femme de Camille Desmoulins, y tient tout un chapitre ; plus loin, c'est une quarantaine de pages relatives à Charlotte Corday et à sa jeunesse ; ces pages fort extraordinaires, où l'on ne sait jusqu'à quel point la fable se mêle à la réalité, se terminent par un récit circonstancié de l'exécution de la *belle Normande*, comme l'appelle Rétif. Une gravure complète le texte, et la représente au moment où elle arrive sur la plate-forme de l'échafaud. Il a été trop peu parlé jusqu'à présent de ces parties de l'œuvre de Rétif de la Bretonne. Un autre livre que les biographes routiniers et les faiseurs de catalogues ont flétri par sottise, la *Semaine nocturne* (quinzième volume des *Nuits*) donne des renseignements sur les exécutions de septembre dans les prisons.

Ainsi de Balzac, dans la *Comédie humaine*, à laquelle une seconde vie est assurée par la place considérable qu'y occupent les accessoires historiques et descriptifs. Sans rappeler cette merveilleuse histoire de l'Empereur, racontée par un vieux soldat dans le *Médecin de campagne*, et ces coups d'œil intelligents sur la Restauration, qui reviennent plusieurs fois dans les *Scènes de la vie privée*, contentons-nous de citer, comme dernier mot de l'harmonie et de la couleur en littérature, les riches tableaux de la Touraine, et ces dessins achevés d'Angoulême, de Provins, de Saumur, de Guérande, de Nemours, d'Issoudun, de Besançon, qui émaillent les *Illusions perdues, Pierrette, Eugénie Grandet, Béatrix, Albert Savarus, Ursule Mirouët, Un Ménage de garçon*, etc. J'ai toujours pensé que cette géographie de Balzac, recueillie habilement en un volume spécial, donnerait une idée radieuse de notre France. Dans un autre ton, les frigidités de la vie bourgeoise à son dernier échelon, et les misères du quartier Mouffetard sont étalées avec une incomparable puissance de réalisme dans la première partie du *Père Goriot*. Plus tard, dans *Un grand homme de province à Paris*, c'est une esquisse amère mais fidèle de la vie littéraire, si fidèle que les figures y sont des portraits et les noms des pseudonymes.

Tous les deux ont quelquefois dépassé le but et été immoraux à force de conscience et de zèle, l'un dans les *Contemporaines*, l'autre dans les *Parents pauvres*. Tous les deux ont voulu corriger ; tous les deux ont touché à la politique, à la religion, à la philosophie. Nous avons dit plus haut que les socialistes modernes avaient beaucoup consulté les volumes de Rétif de la Bretonne, surtout les cinq volumes des *Idées singulières*. M. de Girardin a écrit à ce sujet, dans une série d'articles intitulée : *les Révolutions et les Réformes*, ces lignes, qui confirment notre assertion : « Aucune des idées émises aujourd'hui par ceux qu'on appelle réformateurs, idées qui serviront de point de départ à la révolution nouvelle, n'est essentiellement neuve. Toutes apparaissent en germe, souvent, et quelquefois très-nettement formulées dans les ouvrages des écrivains antérieurs. Ainsi, dans Law, on trouve des idées sur le crédit et les banques de circulation, que beaucoup croient être nées d'hier. Dans Rétif de la Bretonne, il y a des idées d'organisation sociale et d'association que Fourier s'est souvent appropriées. » (*Presse* du 28 septembre 1852.)

Balzac, lui aussi, est plein de ces lueurs, dont s'éclairera la génération future. Je n'ai pas besoin de dire combien, dans ce parallèle, la supériorité est, de toutes les façons, acquise à ce dernier, à l'auteur de tant de chefs-d'œuvre de force et de grâce ; ce serait faire injure au bon sens du lecteur ; mais, enfin, j'ai voulu constater que Rétif de la Bretonne n'est pas indigne d'être mis en regard de Balzac. J'espère y avoir réussi.

Dans les discussions et dans les procès qui amenèrent la rupture de ce dernier avec MM. Buloz et Bonnaire, la *Revue de Paris*, en quête d'épithètes courroucées et de qualifications injurieuses, ne trouva rien de plus fort que de l'appeler le Rétif de la Bretonne du dix-neuvième siècle. Balzac accepta le surnom, mais en y attachant une signification bien différente de celle de la *Revue*.

Je m'arrête. Je n'ai pas la prétention d'avoir dit le dernier mot sur Rétif de la Bretonne. On écrira beaucoup encore sur cet homme singulier, et il deviendra le sujet de bien des controverses.

§ IX.

LES DESCENDANTS DE RÉTIF DE LA BRETONNE.

La publication de mes notices sur quelques écrivains du dernier siècle a presque toujours fait surgir des réclamations ou des remercîments de la part des fils, petits-fils ou neveux de ces écrivains. Il en résulte pour moi une masse de renseignements nouveaux, que je recueille avec le plus grand soin, dans l'ambitieuse hypothèse d'une seconde édition. Quelquefois, il est vrai, le contraire se produit : c'est-à-dire que ce sont les parents qui, attirés par mes articles, me viennent demander des renseignements sur leur aïeul. Aussi ai-je pour règle générale de ne pas m'enquérir à l'avance de la famille que peut avoir laissée l'écrivain dont je m'occupe ; de la sorte, j'asseois sans préoccupations, sans influence, mon jugement, quitte plus tard à le modifier, s'il y a réellement lieu. J'ai toujours éprouvé que cette méthode est la bonne. De même pour la Révolution. A l'encontre de beaucoup de gens, je me montre peu avide de consulter les débris de ce temps fameux ; la plupart, même ceux qui ont véritablement vu, *de leurs propres yeux vu*, les principaux événements et les principaux acteurs de 1793, n'ont, le plus souvent, à vous raconter que des faits archi-connus. Ceux qui avaient quelque chose à dire, ont écrit leurs Mémoires. Les autres, comparses insignifiants, ne vous apprendront rien de plus, sinon que Mirabeau était marqué de la petite vérole, que Robespierre portait habituellement un habit vert, que Danton était un peu brusque dans ses discours, et que l'on ne pouvait guère approcher de l'échafaud, le jour de l'exécution de Louis XVI.

D'après mon système, lorsque je composai mon article préparatoire sur Rétif de la Bretonne, je jugeai inutile de m'informer de sa postérité, certain que j'étais de la voir se manifester après la publication. Déjà, à l'un des étalages du quai Voltaire, j'avais lu sur la couverture d'un énorme volume : *Le Chroniqueur populaire*, par L. Rétif de la Bretonne. Vaugirard, 1845. En ouvrant ce livre, j'avais appris que c'était l'œuvre d'un neveu de l'auteur des *Contemporaines*. Une douzaine de romans du même écrivain étaient en outre annoncés comme devant paraître sous peu : *Réginaldo ou le Pêcheur*, *l'Exilé ou l'Homme mystérieux*, *la Tribu d'Achmet*, etc.

Cependant, je ne fis la connaissance de ce neveu que quelques années plus tard. Ce fut d'une autre branche des Rétif que partit la lettre dont voici des passages :

« Monsieur,

« On nous a communiqué hier les trois articles que vous avez consacrés à l'analyse des ouvrages de notre grand-père maternel, Rétif de la Bretonne, ainsi qu'à celle des principaux événements de sa vie, si laborieuse et si orageuse en même temps.

« Sous ce double rapport, Monsieur, votre travail nous paraît avoir été fait consciencieusement, et nous vous en remercions sincèrement, parce qu'il est de nature à tirer d'un injuste oubli la mémoire du plus courageux philosophe du XVIIIe siècle, le seul peut-être qui ait été de bonne foi, même au milieu de ses égarements en politique, en religion et en philosophie. »

Après avoir rectifié quelques faits, la lettre ajoutait :

« Permettez-nous, Monsieur, de vous citer,

en finissant, un trait qui vous est sans doute inconnu, puisque vous n'en avez pas parlé ; car votre impartialité manifeste vous aurait porté certainement à le mentionner, attendu que c'est l'un des plus honorables de la vie de ce grand homme excentrique. Comme vous le dites fort bien, Monsieur, l'empereur Joseph II fit exécuter, dans tous ses états, les admirables règlements du *Pornographe*; mais, de plus, il envoya tout de suite à l'auteur son portrait, enrichi de diamants, sur une tabatière dans laquelle était un diplôme de baron du Saint-Empire. Rétif lui répondit aussitôt : « Le républicain Rétif-la-
« Bretonne conservera précieusement le por-
« trait du philosophe Joseph II, mais il lui ren-
« voie son diplôme de baron, qu'il méprise.....
« et ses diamants dont il n'a que faire. »

« Veuillez, Monsieur, recevoir l'assurance de la haute considération, avec laquelle nous sommes vos très-humbles et très-obéissants serviteurs,

« *Les petits-fils de Rétif de la Bretonne,*

« Augé, rue de la Perle, n° 16, à Paris ; Victor Vignon, Chaussée de Clignancourt, n° 40, à Montmartre, auteur du *Paria fran-*

çais, de *la Famille Palvoisin*, de *l'Héroïne du Coin de la Rue*, du *Nouveau Paysan perverti*, des *Nouvelles Nuits de Paris*, etc., etc

« Je me joins à mon fils et à mon beau-fils pour présenter à M. Monselet mes salutations.

« Louis Vignon, *gendre de Rétif de la Bretonne*, rue du Petit-Carreau, 33, à Paris. »

Cette lettre m'enchanta, non pas tant à cause des termes bienveillants dans lesquels elle est conçue, qu'à raison de la perspective de renseignements qu'elle m'ouvrait. Je savais que, sous la Restauration, un écrivain avait signé une assez grande quantité de romans : *Le petit-fils de Rétif de la Bretonne* ; mais j'ignorais ses droits légaux à ce titre, qui, après tout, pouvait avoir séduit un amateur de pseudonymes. En présence d'un petit-fils authentique, les choses changeaient complétement de face. Il n'y avait qu'une seule manière de répondre à cette lettre, c'était de me présenter Chaussée de Clignancourt, chez M. Victor Vignon, ce que je ne manquai pas de faire immédiatement.

Je trouvai un homme de plus de cinquante ans, cordial et d'excellente compagnie. Il avait assez connu son grand-père pour me le dépeindre d'une façon exacte ; ce qu'il me raconta de son caractère, de sa vieillesse ardente, de son orgueil amer, de ses emportements auxquels succédaient presque toujours d'abondantes larmes, tout cela ne fit que confirmer l'idée que je m'en étais faite d'après ses compositions. Ce fut M. Victor Vignon qui acheva de me désabuser sur le prétendu mariage de Rétif avec Jeannette Rousseau.

La simple politesse, quand bien même il ne s'y fût pas mêlé un vif sentiment d'intérêt, m'ordonnait de m'enquérir du long silence gardé par M. Vignon depuis la publication de ses romans signés : *Le Petit-fils de Rétif de la Bretonne*.

— Il est vrai que je ne publie plus, répondit-il en souriant ; mais je travaille toujours. Mes relations ont été dans tous les temps fort limitées ; sous la Restauration, je ne connaissais absolument que mon éditeur Hubert. Sans être un misanthrope, j'aime à vivre isolé. Vous êtes depuis vingt ans le seul homme de lettres que j'aie vu.

Je lui parlai de ceux de ses ouvrages qui étaient tombés entre mes mains, particulièrement d'un poëme allégorique intitulé : *Un Lys au sein d'une Rose.*

— Ah ! ah ! vous êtes un bibliophile, à ce que je vois, un amateur de raretés. Dans ce cas, vous devez avoir lu *Og* ?

— Qu'est-ce que c'est que *Og* ? demandai-je.

— *Og*, c'est celui de mes livres qui fit le plus de bruit ; je le publiai sous l'anonyme, en 1824, quelque temps après l'apparition de **Han d'Islande.** *Og* eut un succès plus grand que celui de **Han**, car la police, ayant cru y découvrir, bien à tort, des allusions politiques, concourut avec un zèle excessif à l'épuisement de l'édition. Aujourd'hui *Og* est devenu introuvable ; je n'ai jamais pu moi-même en ravoir un seul exemplaire.

— Parbleu ! vous piquez ma curiosité ; il faut que j'aie lu *Og* avant quinze jours (1).

---

(1) En effet, je me donnai tant de mouvement, qu'au bout d'une semaine *Og* fut en ma possession. C'est un volume de deux cent seize pages, écrit à dessein dans une note très-exagérée et noyé dans un océan de points d'exclamation. La dédicace est ainsi conçue : « A JEAN SBOGAR et à ses successeurs : le Vampire, le Solitaire,

— Je le désire, dit M. Vignon; il ne reste guère trace de ce livre que dans un vaudeville du temps, *Han et Og*, joué, je crois, sur un théâtre des boulevards. C'était une moquerie assez ingénieuse de la littérature féroce alors si en faveur.

La conversation sur *Og* terminée, je me montrai curieux des travaux actuels de M. Vignon. M. Vignon poursuit, comme Alexandre Dumas, l'idée de faire porter à l'histoire le manteau brodé de la fantaisie ; en un mot, il met l'Histoire de France en roman. Mais il est plus scrupuleux que l'auteur des *Mémoires d'un Médecin*, et il passe de longues heures à la bibliothèque de la rue de Richelieu.

— J'attends, pour faire imprimer quelque chose, un moment plus favorable aux belles-lettres. Et puis, j'ai la haine des démarches, des sollicitations. Si un libraire ou un directeur de feuilletons venait chez moi, je lui céde-

---

le Camisard, Han d'Islande, le Renégat, le Centenaire, le Paria français, Ipsiboé, Ourika, le Damné, etc., etc. »
— On sait, d'après l'Écriture (mais peut-être ne s'en souvient-on plus), que Og était le dernier descendant de la race des géants. (*Solus quippe Og, rex Basan, restiterat de stirpe gigantum.* Deut. cap. III.)

rais tel ou tel de mes livres, aux conditions les plus accommodantes, mais je ne ferais point un pas pour aller les lui proposer.

— Vous avez donc beaucoup de volumes manuscrits? lui dis-je.

— Cent cinquante environ.

Je me fis répéter le chiffre.

— Cent cinquante, dit-il tranquillement.

O Rétif! Rétif! race de Bourguignons vigoureux! la fécondité devait se perpétuer dans ta famille! Mais j'avais tort de m'étonner : ton sang ne pouvait pas mentir.

On trouvera à la suite de notre catalogue l'indication des principaux ouvrages de M. Vignon-Rétif de la Bretonne, devenus assez rares.

§ X.

CATALOGUE COMPLET ET RAISONNÉ DES OUVRAGES DE RÉTIF DE LA BRETONNE.

(Par ordre chronologique. — On a conservé l'orthographe et la physionomie de chaque titre.)

N° 1. — LA FAMILLE VÈRTUEUSE. Lettres traduites de l'anglais. Par M. de la Bretone. Epigraphe :.....*Res sola potest facere et servare beatum*. Horat. lib. 1, Ep. vj. A Paris, chés la veuve Duchesne, rue Saint-Jacques, au dessous de la fontaine Saint-Benoit, au Temple du Goût. 1767. Avèc approbation ét pèrmission. Quatre parties, en 4 vol. in-12.

L'épigraphe change sur le titre de chaque volume ; sur le second, c'est :

De'figli la virtù, l'indole buona
Son dé padri mercè, gloria et corona.
M. Conti.

Sur le troisième :

> O fairest of creation ! last and best
> Of all God's works..........
> How art thou lost !........

Milton's Paradise lost, book IX, v. 900-4.

(*O toi dont la beauté fesait l'ornement de la nature!... dans quél abime t'ès-tu précipitée!* Milton.)

Sur le quatrième :

Le prix suit la Vèrtu. *Rousseau, imit. de l'ode IV du IV livre d'Horace.*

Dédicace : Aus jeunes beautés.

A la fin de l'ouvrage, on lit : « De l'imprimerie de Quillau, m.dcc.lxvii. » Cette mention n'était alors ni exigée ni usitée.

Tirage à 2,000 exemplaires.

Rétif a lui-même rendu compte en ces termes de son premier ouvrage : « J'étais amoureux de Mlle Bourgeois, et ce fut elle qui me donna l'énergie nécessaire pour écrire. Cette énergie me fit surmonter les premiers dégoûts et cette lassitude de travail qui accompagne les commencements de l'art d'écrire. J'y pris goût enfin, et quelques pensées m'ayant ébloui, comme il arrive à tant de petits auteurs, je crus produire un chef-d'œuvre. Je me rappelle que, les jours de fête, particulièrement consacrés à mon *auteuromanie*, je passais fièrement dans les rues, en me disant :

— « Qui croirait, en me voyant, que je viens d'écrire les belles choses de ce matin! Et ces belles choses, à l'exception de quelques pensées fines, étaient du boursouflage à la Du Rozoy (1). » Ailleurs, il ajoute : « l'orthographe, qui est conforme à la prononciation, fit tort à la vente. »

La *Famille vertueuse*, qui a cinquante-une feuilles, fut vendue à Mme Duchesne à raison de quinze livres la feuille; soit 765 fr. Jamais si grosse fortune n'avait appartenu à Rétif, qui s'empressa de quitter la place de prote qu'il occupait chez l'imprimeur Quillau, pour se livrer exclusivement à la littérature.

N° 2. — LUCILE, OU LES PROGRÈS DE LA VERTU. Par un Mousquetaire. A Québec, et se trouve à Paris chez Delalain, libraire, rue Saint-Jacques. Valade, libraire, rue de la Parcheminerie, maison de M. Grangé. 1768. — 1 vol. in-18.

Tirage à 1,500 exemplaires.

---

(1) *Monsieur Nicolas*, tome 8, page 4544.

Nous avons dit que *Lucile* fut faite en cinq jours et payée trois louis.

Editions suivantes et contrefaçons. — *Lucile, ou les Progrès de la Vertu*. Par un Mousquetaire. A la Haye, et se vend à Francfort, chez J. G. Eslinger, libraire. 1769. 1 vol. in-18 de 174 pages.

La Fille enlevée, entretenue, prostituée et vertueuse, ou les Progrès de la vertu. Epigraphe : *Un petit moment plus tard*..... Imprimé à la Haie, et se trouve à Paris, chez De-Hansy, libraire, rue Saint-Jacques près celle des Mathurins. 1774. 1 vol. in-18.

L'Innocence en danger, ou les événemens extraordinaires ; par M. Rétif de la Bretonne. A Liège, chez de Boubers, imprimeur-libraire, à l'Homme sauvage, rue du Pont. 1779. 1 vol. in-12, de 124 pages.

Rétif a replacé *Lucile* dans le sixième volume des *Contemporaines*, avec ce nouveau titre : *Les Crises d'une Jolie fille*.

Zoé, ou les Mœurs de Paris. Par F. P. A. Malençon. A Paris, chez Leroux, libraire, rue Thomas-du-Louvre, n° 246, vis-à-vis les Ecuries de Chartres. De l'imprimerie de Digeon, Grande-rue-Verte, faubourg Honoré, n° 1126. An VI. — 2 vol. in-12 ; le premier de 119 pages, le second de 118.

Ou c'est un plagiat effronté, ou c'est une spéculation de Rétif; car cette *Zoé* n'est que la *Lucile*, mot pour mot, avec les noms travestis, et accommodée au goût de Tivoli, de Feydeau et du boulevard de Coblentz.

N° 3. — LE PIED DE FANCHETTE, ou l'orfeline française; Histoire intéressante et morale. Epigraphe : « Une jeune chinoise avançant un bout du pied couvert et chaussé, fera plus de ravage à pékin, que n'eut fait la plus belle fille du monde dansant toute nue au bas du taygète. Œuvres de J.-J. Rousseau, tome iv p. 268. » Imprimé à la Haie, et se trouve à Paris, chez Humblot, libraire, rue St-Jacques, près St-Ives : Quillau, imprimeur-libraire, rue du Fouarre. 1769. (Titre entièrement rouge). — Trois parties, 3 vol. in-12, le premier de 158 pages, le deuxième de 146 et le troisième de 192.

Les notes et les tables sont imprimées en rouge.

Sur les titres des deuxième et troisième volumes l'épigraphe a disparu ; elle est remplacée par un fleuron, représentant, sur le deuxième volume, une clarinette et un chapeau de berger, entrelacés ; et sur le troisième deux colombes, avec une torche et un carquois en sautoir.

Tirage à 1,000 exemplaires.

Editions suivantes, contrefaçons et traductions. — Deuxième édition en 1776. Tirage à 500. Avec un épilogue (1).

Troisième édition (17..), grand in-12.

Quatrième édition (17..).

Cinquième édition : *Le Pied de Fanchette, ou le Soulier couleur de rose.* Paris, Cordier et Legras, rue Galande, n° 50. 1801. — 3 vol. in-18.

Le Pied de Fanchette, ou l'Orpheline française ; histoire intéressante et morale (même épigraphe). A Francfort, et à Leipsig, en foire. 1769. Deux parties ; 2 vol. in-12. L'épigraphe

---

(1) On lit dans les *Mémoires secrets* de Bachaumont, à la date du 7 février 1776 (tome neuvième) :

« On a donné le 5 de ce mois, sur un petit théâtre, rue de Provence, près la chaussée d'Antin, une comédie nouvelle, intitulée *Marianne*. Le sujet est tiré d'un roman qui a paru il y a quelques années, *le Pied de Fanchette*. L'auteur a joliment ajusté cet ouvrage ; il est très-intéressant, bien écrit et supérieurement joué par des personnes de la plus haute distinction. Il n'a encore paru qu'en ce lieu, ce qui a piqué davantage la curiosité des spectateurs. »

n'est pas sur le titre de la seconde partie. (Contrefaçon.)

Rétif dit qu'il y a eu, en outre, plusieurs contrefaçons en province.

El Pié de Frasquita. Traducido libremente al castellano. Paris, Rosa. 1834. 2 vol. in-18, 8 fr.

Traduit en allemand.

Par son amour pour les chaussures des femmes, Rétif de la Bretonne rappelle ce gentilhomme dont parle Le Sage dans le *Diable boiteux :* « Il y a deux jours qu'en passant dans la rue d'Alcala, devant la boutique d'un cordonnier de femmes, il s'arrêta tout court pour regarder une petite pantoufle qu'il y aperçut. Après l'avoir considérée avec plus d'attention qu'elle n'en méritait, il dit d'un air pâmé à un cavalier qui l'accompagnait : — Ah! mon ami, voilà une pantoufle qui m'enchante l'imagination! Que le pied pour lequel on l'a faite doit être mignon! Je prends trop de plaisir à la voir; éloignons-nous promptement, il y a du péril à passer par ici. »

N° 4. — LA CONFIDENCE NÉCESSAIRE, ou LETTRES DE MYLORD AUSTIN DE NORFOLK, à mylord Humfrey de Dorset. Par N. E. Rêtif-de-la-Bretone. Epigraphe : *Quæ fecisse juvat, facta referre pudet. Ovid.* Imprimé à la Haie. 1769. — Deux parties, en 2 vol. in-8°;

le premier de 116 pages et le deuxième de 194.

Le conte d'*O-Ribo* commence à la page 109 du second volume. — Un peu libre.

Tirage à 1,500 exemplaires.

Deuxième édition en cicero et sans entre-lignes; 1778. — Tirage à 500 seulement.

N° 5. — LA FILLE NATURELLE. *Magna est veritas, et prævalet. Esdras, livre III*, chap. IV, v. 41. Fleuron : un carquois et une torche entrelacés, surmontés de deux colombes. Imprimé à la Haie, et se trouve à Paris, chez Humblot, libraire, rue St-Jacques près St-Ives ; Quillau, imprimeur-libraire, rue du Fouarre. 1769. — 2 vol. in-12; le premier de 170 et le deuxième de 202.

Tirage à 1,000 exemplaires.

Fréron a vanté cet ouvrage, qui se vend fort bien.

Deuxième édition en 1774, augmentée de 60 pages. — Tirage à 500.

Un catalogue des œuvres de Rétif, placé à la fin de *l'Andrographe*, fait mention d'une troisième édition de la *Fille naturelle* ; et le *Monsieur Nicolas* (page 2723) en signale une quatrième.

La *Fille naturelle* a été replacée par Rétif dans les *Contemporaines*, sous les titres de la *Sympathie paternelle* et de la *Fille reconnue*. Il en a fait en outre, un drame : *la Mère impérieuse ou la Fille naturelle*.

N° 6. — LE PORNOGRAPHE, ou Idées d'un honnête-homme sur un projet de réglement pour les prostituées, Propre à prévenir les Malheurs qu'occasionne le *Publicisme* des Femmes : avec des Notes historiques et justificatives. — Epigraphe : « *Prenez le moindre mal pour un bien.* » Machiavel, livre *du Prince*, cap. XXI. A Londres, chez Jean Nourse, Libraire, dans le Strand. Et se trouve à Paris, chez Delalain, Lib. rue et à côté de la Coméd. Française. 1769. (Faux titre : *Idées singulières.* Première partie.) — 1 vol. in-8° de 368 pages. A la page 283, il y a un titre ainsi conçu : Le Pornographe, ou la Prostitution réformée. Seconde partie contetenant les Notes.

Orthographe régulière. — Tirage à 2,000 exemplaires.

Editions suivantes. — *Le Pornographe, ou Idées d'un honnête homme, etc.* A Londres, chez Jean Nourse, libraire, dans le Strand. A

La Haie, chez Gosse junior, et Pinet, Libraires de S. A. S. 1770.—1 v. in-8° de 215 pages.

Autre édition. — 1774.

Le Pornographe, ou Idées d'un honnête-homme sur un projet de réglement pour les prostituées, propre à prévenir les Malheurs qu'occasionne le *Publicisme* des Femmes : avec des Notes historiques et justificatives. Par M. Rétif De-la-Bretone. Epigraphe : *Prendre le moindre mal pour un bien.* Machiavel, Livre *du Prince,* cap. XXI. A Londres, chès Jean Nourse, Libraire, dans le Strand. A la-Haie, chés Gosse junior, et Pinet, Libraires de S. A. S. 1776.—Deux parties, en 1 vol. grand in-8°, de 492 pages. La seconde partie, contenant les Notes, commence à la page 167.

Cette édition présente à la page 180 un travail particulier de quelques pages avec ce titre : » *Remontrances à mylord maire,* etc. » Plus loin, à la page 388, on rencontre encore un nouveau titre ainsi conçu : « Lit-de-Justice d'amour, ou le Code de Cythére. Epigraphe :

Tentanda via est, qua me quoque possim
Tollere humo, victorque virûm volitare per auras.

Fleuron : un Temple en ruines. A Erotopolis, chés Harpocrates, seul Imprimeur de Cupidon, à la Coquille de Vénus, et aux Ruines du Temple de l'Hymen; *nec-non* au treizième des Travaux d'Hercule. L'an du Monde VII. CIƆ. IƆCC. I-XXVI. » Le Lit-de-Justice se termine, avec une table particulière, à la page 476. Les notes du *Pornographe* reprennent à la page 477.

Cette édition est incontestablement la plus complète et la meilleure. — Il y a des contrefaçons de province.

N° 7. — LA MIMOGRAPHE, ou idées d'une honnête-femme pour la réformation du théâtre national. Epigraphe : « Le Plaisir est le baume de la vie.... Le Plaisir..... c'est la Vertu sous un nom plus gai. *Young.* » Fleuron : une lyre entourée de rayons. A Amsterdam, chez Changuion, Libraire. A la Haie, chez Gosse et Pinet, Libraires de S. Altesse S. 1770. (Faux titre : *Idées singulières.* Tome second.) — 1 volume in-8° de 466 pages. En tête de la page 297, on lit : Seconde partie. Notes.

Orthographe régulière. — Tirage à 2,000 exemplaires.

Rétif ne tira aucun profit de cet ouvrage, non plus que du *Pornographe ;* il avait entrepris l'impression de ces deux ouvrages de compte à demi avec un ouvrier allemand, qui le frustra. Rétif de la Bretonne écrivait du matin au soir;

et, les nuits, il les passait à lire des épreuves pour le libraire Humblot.

N° 8. — LE MARQUIS DE T*** ; 4 vol. in-12.

Titre du premier volume : — *Le Marquis de T***, *ou l'Ecole de la Jeunesse*, Tirée des Mémoires recueillis par N.-E.-A. Desforets, homme-d'affaires de la Maison de T***. Epigraphe : *Dextera præcipuè capit indulgentia mentes ; Asperitas odium… movet. Ovid. de Arte.* A Londres. 1771. A Paris, chez Le Jay, libraire rue S. Jacques. — 192 pages.

Titre du deuxième volume. — *Le Marquis de T****, *ou l'Ecole de la Jeunesse. Moribus… conciliandus amor. Epitre 5 d'Ovide.* Seconde partie. Fleuron : des colombes, une torche, un carquois. A Londres. 1771. — 164 pages.

Titre du troisième volume. — *Le Marquis de T****, *ou l'Ecole de la Jeunesse. Ommi amor magnus, sed aperto in conjuge major; Hanc Venus, est vivat, ventilat ipsa facem. Prop. l. 4.* Troisième partie. Fleuron : une couronne. A Londres. 1771. — 200 pages.

Titre du quatrième volume. — *Le Marquis de T****, *ou l'Ecole de la Jeunesse. Non est properanda Voluptas, Sed sensim tardâ* *perficienda morâ.* Art d'aim. d'Ovide. Quatrième partie. Fleuron : une clarinette et un chapeau de berger, liés par quelques fleurs. A Londres. 1771. — 182 pages.

Tirage à 1,000 exemplaires.

N° 9. — ADÈLE DE COM** ; 5 vol. in-12.

Faux titre : *Lettres d'une fille à son père.*

Titre : Adèle de Com** ou Lettres d'une fille à son père. Epigraphe : « Forme ta fille, comme tu voudrais qu'on eut élevé ta femme. » Fleuron : une clarinette et un chapeau de berger, entrelacés avec quelques fleurs. En France. 1772. — 5 parties, 5 vol. in-12.

Tirage à 1,250 exemplaires.

Dans le 5ᵉ volume, Rétif a réuni plusieurs brochures dont quelques-unes avaient déjà paru séparément, et pour lesquelles, après une préface de l'éditeur, il a composé ce nouveau titre : « Pièces singulières et curieuses, relatives aux Lettres d'une fille à son père, savoir, (G) La-Cigale-et-la-Fourmi ; (H) Le-Jugement-de-Paris ; avec des Réflexions sur l'Ambigu-Comique ; (I) Il-recule-pour-mieux-sauter ; (J) Contr'avis aux gens-de-lettres. Fleuron : une couronne. En France. 1772.

Se trouve à Paris, chez Humblot, libraire, rue Saint-Jacques, près Saint-Ives. »

Chacune de ces pièces a un titre, et une pagination particulière. La *Cigale et la Fourmi* et le *Jugement de Pâris* sont deux pièces de théâtre, que l'auteur a souvent réimprimées. Gardel, à qui il envoya la seconde, en fit plus tard un ballet. Les *Réflexions sur l'Ambigu-comique* fournissent des renseignements, qu'on chercherait en vain autre part, sur le répertoire du théâtre enfantin dirigé par Audinot. *Il recule pour mieux sauter* est un conte graveleux. Quant au *Contr'avis aux gens-de-lettres*, c'est une réfutation d'une brochure de Fenouillot de Falbaire, intitulée : *Avis aux gens de lettres* et dirigée contre les libraires. — Le cinquième volume, dont la vente fut contrariée par la censure, ne se trouve que difficilement.

N° 10.—LA FEMME DANS LES TROIS ÉTATS; 3 vol. in-12.

Premier volume. — Titre encadré : « LA FEMME DANS LES TROIS ÉTATS de Fille, d'Épouse et de Mère. Histoire morale, comique et véritable. Épigraphe : « La Fille, ordinairement, est bonne, douce, obligeante, jusqu'à vingt ans..... » Première partie. La Fille. Fleuron : une clarinette et un chapeau de berger. A Londres, Et à Paris, chés De Hansy, libr. rue Saint-Jaques. 1773 ; — 232 pages.

Deuxième vol. — Épigraphe : « Ce qu'on appelle une Femme honnête, ferait un homme bien médiocre. *Pope.* » Seconde partie. L'Épouse ou la Femme. Fleuron : une corbeille de fruits et de fleurs. A Londres. 1773. — 202 pages.

Troisième vol. Épigraphe : « L'Homme-enfant doit rester longtemps entre les mains des Femmes, afin d'y prendre cette candeur, cette aménité que la meilleure Éducation par les Hommes ne donne qu'imparfaitement. » Troisième partie. La Mère. Fleuron : une couronne. A Londres. 1773. — 202 pages.

Tirage à 1,000 exemplaires.

Deuxième édition en 1778, à 500 exempl., chez la veuve Duchesne

C'est de cet ouvrage que La Chabeaussière a tiré sa pièce des *Maris corrigés,* jouée en 1781 aux Italiens.

N° 11. — LE MÉNAGE PARISIÉN, ou DÉLIÉE ET SOTENTOUT. Epigraphe : Γνῶτι σεαυτὸν. *Nosce teipsum* (*reconais-toi*). Fleuron : deux colombes, sur une torche et un carquois croisés. Imprimé à la Haie. 1773. Titre rouge et noir. — Deux parties, 2 vol. in-12. Sur le titre du second volume, le fleuron est : une clarinette et un chapeau de berger, réunis par quelques fleurs.

La dédicace : *A mes pairs en sotise*, est imprimée tout entière en caractères rouges. « Autant pour vous récréer la vue que pour fixer votre attention lorsque vous passerez sur les quais, j'ai fait imprimer en rouge les frontispices et cette dédicace ; j'espère, confrères sotissimes, que ces petits enjolivemens vous donneront autant de plaisir que l'histoire même. » Cette dédicace est signée : Morille Dindonet.

A la fin du second volume, au bas de la dernière page, on lit : « A Rouen, chés Leboucher, et se trouve à Paris chés De Hansy jeune, libraire, rue Saint-Jaque. »

Tiré à 1,250 exemplaires.

Le *Ménage parisien* est rempli de vivacité en même temps que de naïveté et de coloris. C'est un ouvrage à avoir, parmi les premiers de Rétif. Il fut suspendu un instant, à cause des notes critiques qui le terminent; puis on le repermit.

N° 12. — LES NOUVEAUX MÉMOIRES D'UN HOMME DE QUALITÉ. Par M. le M̂** de Br**. Epigraphe : *Ludit in humanis divina potentia rebus.* Ovid. De Ponto, eleg. 3. Fleuron : un oiseau, un cahier de musique, une trompette, des feuilles, des rubans. Imprimé à La Haie, Et se trouve à Paris, chés la veuve Duchesne, rue Saint-Jacques, au Temple-du-Goût; et De-Hansy, libraires, même rue, près celle des Mathurins. 1774. — Deux parties, en 2 vol. in-12, le premier de 212 pages, et le deuxième de 208.

En collaboration avec M. Marchand, censeur royal.

Tirage à 750 exemplaires.

Traduit en allemand.

A la suite du deuxième volume on trouve deux publications distinctes, ayant chacune leur pagination particulière : Les *Beaux Rêves* et le *Secret d'être aimé après quarante ans, et même a tous les âges de la vie, fut-on laid à faire peur.*

Il y a eu quelques exemplaires des *Beaux rêves* tirés à part; avec ce titre : « *Les Beaux Rêves.* 1er. Idée d'une fête intéressante ; IId. La Panacée, ou le Préservatif. Par M. R. D. L. B. Epigraphe : « I. Prona venis cupidis in sua vota fides. *Ov. de Arte.* II. Castigat ridendo... *Rideau des Italiens.* A Plutonopolis, chés Fobétor, Fantase et Morfée. 1774. — Une brochure in-12 de 50 pages. Dédicace à Madame D***. On y lit : « Madame, l'hommage de ces MÉMOIRES vous était dû à tous les titres, etc. »

A la page 23 de cette même brochure, se présente un nouveau titre : « *Thèse de Médecine*, soutenue en enfer, précédée de la lettre d'un excorporé à son mèdecin. Fleuron : une tête de faune couronnée de raisin et de feuilles. A Plutonopolis, chés Alecto-Tisiphone-Mégère l'Envie, veuve de feu Ascalaphe le Dépit, libraire en Enfer, à la Tête de Méduse, et au grand Cerbère. L'an de Pluton C. cIↄ cIↄ cIↄ etc., ou 1774. » Cette thèse (c'est un plaidoyer en faveur du docteur de Préval) est en latin, avec la traduction en regard ; elle porte sur cette question : un médecin peut-il prévenir les maladies, ou ne doit-il que les suivre ? et elle conclut en faveur des préservatifs (1).

---

(1) A cette même date de 1774, nous devons rapporter un recueil, intitulé ainsi : « Contes, Poëme, Epithalame, le Secret d'être aimé, Réflexions sur l'Ambigu-comique, Vers et couplets, suivis du conte et proverbe :

Les 27e et 28e *Contemporaines* sont tirées des *Nouveaux Mémoires d'un homme de qualité.*

N° 13. — LE FIN MATOIS, *ou Histoire du Grand Taquin*, Traduite de l'espagnol de Quévédo ; avec des Notes historiques et politiques, nécessaires pour la parfaite intelligence de cet auteur. Imprimé à la Haie. 1776. — Trois parties en 3 vol. in-12 ; le premier de 207 pages, le deuxième de 214 et le troisième de 176.

Après la préface, le premier volume contient un second titre, ainsi conçu : «Œuvres

---

Il-recule pour-mieux sauter, ou le Carosse-de-voiture. Fleuron : une fleur de lys et des traits. Imprimé à la Haie. 1774. »

Tout n'est pas de Rétif dans ce recueil ; on y trouve la *Bégueule* de Voltaire, des vers de Marmontel et la fameuse chanson *Quand on va boire à l'Écu*. La pagination n'est pas suivie ; et pour le conte d'*Il recule* il y a un titre particulier : « Il recule pour mieux sauter. Proverbe et conte en vers. Imprimé à la Haie, et se trouve à Paris chez Edme, libraire, rue Saint-Jean de Beauvais, près la rue des Noyers ; Le Jay, libraire, rue St-Jacques, au dessus de la rue des Mathurins, *au grand Corneille*. 1772. »

choisies de don François de Quévédo. Traduites de l'Espagnol ; en trois parties. Contenant : Le Fin-Matois, les Lettres du Chevalier de l'Epargne, la Lettre sur les Qualités d'un Mariage. Epigraphe : *Castigat ridendo mores.* Imprimé à la Haie. Et se trouve à Paris, chés les libraires indiqués après la fin de la III partie. »

En collaboration avec M. d'Hermilly, censeur royal.

Tirage à 1,500 exemplaires.

Les *Lettres du chevalier de l'Epargne*, très-curieuses, sont tout entières de l'invention de Rétif.

Le libraire Costard à qui les auteurs cédèrent 500 exemplaires du *Fin-Matois*, fit changer sur ces exemplaires le titre en celui de l'*Aventurier Buscon*.

N° 14. — LE PAYSAN PERVERTI, ou les Dangers de la ville ; histoire récente, mise au jour d'après les véritables lettres des personnages. Par N. E. Rétif de la Bretone. 1775. — 4 vol. in-12. Sans gravures.

Tirage à 3,000 exemplaires. Paru à la Toussaint, épuisé à la Noël. Il existe une douzaine d'exemplaires qui ne portent pas de nom d'auteur ; ce sont ceux que Rétif, qui avait imprimé lui-même l'ouvrage, destinait au lieutenant de police et à ses agens.

Editions suivantes et contrefaçons. — *Le Paysan perverti, ou les Dangers de la ville ;* histoire récente, mise au jour d'après les véritables lettres des personnages. Par N. E. Rétif de la Bretone. Imprimé à la Haie. Et se trouve à Paris, chés Esprit, libraire de S. A. S. Mgr le duc de Chartres, au Palais-Royal, sous le vestibule, au piéd du grand-escalier. 1776. — 4 vol. in-12, renfermant huit parties.

Fleurons. Premier volume : un chapeau de berger et une flute entrelacés. 2e : des colombes se becquetant ; un carquois, une torche, des rameaux. 3e : des traits et des feuilles. 4e : un vase, entouré d'ornemens et de feuilles.

Rétif a ajouté près de vingt lettres à cette édition, à laquelle il adapta 84 estampes qui ne furent gravées que plus tard. Ces estampes sont accompagnées de quatre cahiers indicatifs destinés à être placés à la fin de chaque volume. Chacun d'eux porte ce titre : « Les Figures du Paysan perverti. Rétif-de-la-Bretone *invenit*. Binet *delineavit*. Berthet et Leroi *incuderunt*. La Naïveté, l'Innocence, la Candeur, l'Enchantement séducteur de la Ville, les Femmes, les Desirs, les Plaisirs, la Volupté, les Ecarts, l'Egarement, la Licence, la Débaûche, le Vice, le

Crime, l'Echaffaud, l'Infamie, le Désespoir, la Mort. »

Troisième édition en 1780. — Celle-ci, qu'on pouvait acheter avec ou sans les gravures, s'écoula lentement, parce que la province était inondée de contrefaçons, (tant de la première édition que de la deuxième) au nombre de dix environ. Quelques-unes sont tombées entre nos mains; elles sont atroces, surtout en ce qui concerne les estampes.

Quatrième édition en 1787. — C'est celle qui porte le titre de : *Le Paysan et la Paysane pervertis*, et qui réunit ces deux ouvrages. (Voir au n° 30.)

Quatre éditions en Allemagne; traduction de Charles-Christophe Nencke. Quarante-deux éditions à Londres.

Nous avons dit comment Mercier s'enthousiasma pour l'œuvre de Rétif. La sympathie qui unissait ces deux auteurs excita la raillerie de Rivarol, qui les exposa de la manière suivante dans son *Petit almanach des grands hommes :*

MERCIER (voir Rétif de la Bretonne).

RÉTIF DE LA BRETONNE (voir Mercier).

N° 15. — L'ÉCOLE DES PÈRES. Par N. E. Rétif de la Bretone. Épigraphe : « Forme ton fils comme ta femme voudrait qu'on t'eut formé ; élève ta fille comme tu voudrais qu'on eut élevé ta femme. » Fleuron : une fleur de lys. En France, et à Paris, chés la veuve Duchêne, Humblot, Le-Jai et Doréz, rue Saint-Jacques ; Delalain, rue et à côté de la Comédie française ; Esprit, au Palais-Royal ; Mèrigot, jeune, quai des Augustins, libraires. 1776. — 3 vol. in-8° sur grand papier. Le premier volume a 480 pages, le deuxième 192 seulement, et le troisième 372.

Tiré à 1,500 exemplaires. —Deuxième édition in-12.

Traduit en allemand.

On a beaucoup parlé de l'orgueil de Rétif ; pourquoi ne parlerions-nous pas, nous, de son humilité ? En revenant sur l'*École des pères*, voici ce qu'il en a dit : « Je me suis toujours reproché de ne pas l'avoir mieux faite ; j'ai noyé l'instructif et fait disparaître l'agréable de cette production, en me livrant à des détails qui n'étaient propres qu'à un livre élémentaire. J'ai même donné dans un système de physique, faux dans beaucoup de points. »

N° 16. — LES GYNOGRAPHES, ou Idées de deux honnêtes femmes sur un projet de règlement proposé à toute l'Europe, pour mettre les femmes à leur place et opérer le bonheur des deux sexes ; avec des notes historiques et justificatives, suivies des noms des femmes célèbres ; Recueillis par N.-E. Rétif-de-la-Bretone, éditeur de l'ouvrage.

Épigraphe :

A d'austères devoirs le rang de femme engage,
Et vous n'y montez pas, à ce que je prétens,
Pour être libertine et prendre du bon temps.
Ec. des Fem. III. act. 2 sc.

A la Haie, chés Gosse et Pinet, libraires de Son Altesse Sérénissime. Et se trouve à Paris, chés Humblot, libraire, rue Saint-Jacques, près Saint-Yves. 1777. — Deux parties en un vol. grand in-8° de 567 pages.

N° 17. — LE QUADRAGÉNAIRE ; 2 vol. in-12.

1ᵉʳ volume. Faux-titre : Le Quadragenaire, ou l'homme de XL ans. Avec 15 figures. Première partie. —Titre : Le Quadragenaire, ou l'Age de renoncer aux passions ; histoire utile à plus d'un lecteur. Épigraphe : *Turpe senilis amor*. Première partie. A Genève. Et se trouve à Paris chés la veuve Duchêne, libraire, rue S.-Jacques, au Temple du Goût. 1777.

2ᵉ volume. Faux-titre : Le Quadragenaire, ou l'homme de XL ans. Avec figures. Seconde partie. — Titre : Le Quadragenaire, etc. (comme ci-dessus). Seconde partie. A Genève. 1777.

Le premier volume contient cet avant-propos : « Au lecteur. Dans un siècle où il y a tant de célibataires, qui souvent ne continuent à l'être que parce qu'ils l'ont été, n'est-ce pas rendre service à l'État, que de donner au public nos observations sur les mariages tardifs des hommes, et de prouver qu'ils sont presque toujours les plus heureux ? etc. »

Chacune des quinze gravures porte le numéro de la page à laquelle elle correspond. Ces gravures sont moins fines que d'habitude. La première est signée : C. Baquoy sculpsit. 1777. La seconde : Dutertre inv.... Berthet fecit. Les autres sont anonymes.

N° 18. — LE NOUVEL ABEILARD ; ou Lettres de deux amans qui ne se sont jamais vus. Épigraphe : *They live (Letters) they speak, they breathe what love inspires*, etc. Pope, Épitre d'Héloïse à Abeilard. Un fleuron contenant cette autre épigraphe : *Vitam impendere vero*. A Neufchatel, et se trouve à Paris, chez la veuve Duchesne, libraire, rue Saint-

Jacques, au Temple du Goût. 1778. (Titre rouge et noir.) — 4 vol. in-12, le 1ᵉʳ de 370 pages, le 2ᵉ de 464, le 3ᵉ de 472, et le 4ᵉ de 423. Avec 10 gravures.

L'épigraphe latine n'est que sur le titre du premier volume.

Contrefaçon. — *Le Nouvel Abeilard ou Lettres de deux amans qui ne se sont jamais vus.* Avec l'épigraphe anglaise. En Suisse, chez les libraires associés. 1779. — 4 vol. in-12.

Nº 19. — LA VIE DE MON PÈRE. Par l'Auteur du Paysan perverti.

Épigraphe :

Omnia non pariter rerum sunt Omnibus apta,
Fama nec ex æquo ducitur ulla jugo. **Prop.**

A Neufchatel, Et se trouve à Paris, Chés la Veuve Duchesne, libraire, rue Saintjacques, au Temple-du-Goût. 1779. — Deux parties, 2 vol. in-12 ; le premier de 152 pages, et le second de 139. Avec 14 gravures et deux jolis médaillons, un à la tête de chaque volume ; premier volume, médaillon de « Edme Rétif, clerc de procureur à Paris à 19 ans. » Second volume, médaillon de « Barbe Ferlet à l'âge de 15 ans. » Ce sont les père et mère de l'auteur.

Frontispice du premier volume : L'Art des arts. Gravures : l'École de village ; p. 17. La Sévérité Romaine ; p. 29. La Compassion ; p. 34. La Naïveté ; p. 48. La Pudeur ; p. 77. L'Obéissance ; p. 103.

Frontispice du second volume : la Lecture du soir. Gravures : l'Apparition ; p. 13. La Bigamie ; p. 39. L'Audience ; p. 61. L'Honnête-Homme ; p. 79 (erreur ; c'est 99 qu'il faut lire ; et c'est à la page 99 qu'il faut placer cette gravure). Le Dernier acte de la vie ; p. 105. Qu'il fut puni ! p. 112.

Paru à la Saint-Martin de 1778, sous la date de 1779.

Editions suivantes. — Deuxième édition en 17..

Troisième édition : *La Vie de mon Père.* Par l'auteur du *Paysan perverti.* Epigraphe : *Omnia non pariter rerum sunt Omnibus aptà, Fama nec ex œquo ducitur ulla jugo. Prop.* Troisième édition. A Neufchâtel, et se trouve à Paris, chés la veuve Duchesne, libraire, rue Saintjacques, au Temple du Goût. 1788. — 2 vol. in-12, (232 et 222 pages) avec les deux médaillons et les 14 estampes.

Quatrième édition : *Monsieur Rétif* ou la *Vie de mon Père*. Sans nom d'auteur. Publication dite des *livraisons à quatre sous*. Paris, librairie et imprimerie de Soye et Bouchet, rue de Seine, 36. 1853. Prix : 50 centimes. — Une brochure in-4º de 32 pages, imprimées sur deux colonnes ; avec gravures sur bois imitées de l'édition originale. Le frontispice porte ces mots inscrits sur une banderolle soutenue par des anges : BIBLIOTHÈQUE DES POÈTES ET ROMANCIERS CHRÉTIENS.

Traduit en allemand par Guill. Christ. Sigismond Mylius. Berlin.

Nº 20. — LA MALÉDICTION PATERNELLE : Lettres sincères et véritables de N.******, à ses Parens, ses Amis, et ses Maîtresses ; avec les Réponses : Recueillies et publiées par Timothée Joly, son Exécuteur testamentaire. Fleuron : une rose. Imprimé à Leipsick, par Buschel, marchand-libraire : et se trouve à Paris, chés la d.^{me} v.^{e} Duchesne, en la rue St.-Jacques, au Temple-du-Goût. 1780. — Trois parties ; 3 vol. in-12 ; avec un frontispice allégorique au commencement de chaque vol. 1er frontispice : *Je te voue au malheur..... Que la céleste colère te poursuive !* Binet, invenit. 1779. Berthet, sculpsit. 2e. *Hélas ! n'en trouverai-je pas un qui ne soit* *dissimulé!* 3ᵉ. *Reconnais-moi!.... C'est ta femme!*

Sur les titres de la seconde et de la troisième partie, l'indication de la veuve Duchesne a disparu.

Le numérotage des pages se continue pour les trois volumes; total : 830 pages.

Paru en août 1779, sous la date de 1780.

N° 21. — LES CONTEMPORAINES ou Avantures des plus jolies femmes de l'âge présent, recueillies par N. E. R. de la B. et publiées par Timothée Joly de Lyon. A Paris, chez la vᵛᵉ Duchesne. 1780-1785. — 42 volumes in-12, ainsi divisés :

Les *Contemporaines mêlées*, ou Avantures des plus jolies femmes de l'âge présent ; 1780-1782. — 17 volumes.

Les *Contemporaines communes*, ou Avantures des belles marchandes, ouvrières, etc., de l'âge présent (un mille a été tiré sous le titre des *Jolies Femmes du commun*); 1782-1783. — 13 vol.

Les *Contemporaines graduées*, ou Avantures des jolies femmes de la Noblesse, de la Robe, de la Médecine et du Théâtre; 1783-1785. — 12 vol.

Chaque *Contemporaine* ou nouvelle est accompagnée d'une gravure; ce qui forme un total de plus de trois cents gravures.

Il est peu d'ouvrages de Rétif à la fin desquels on ne rencontre une table explicative des *Contemporaines;* c'est pourquoi nous nous abstenons de la donner ici. Elle ne comporte pas moins de douze pages, en caractères très-serrés.

Les premiers volumes ont eu une seconde édition, dont voici le titre : — *Les Contemporaines,* ou Avantures des plus jolies femmes de l'âge présent : Recueillies par N.-E. R.**-d.*-l.*-B***; Et publiées par Timothée Joly, de Lyon, Dépositaire de ses Manuscrits : *Seconde édition.* Fleuron : un vase de fleurs. Imprimé à Léipsick, par Büschel, marchand-libraire : Et se trouve à Paris, chés la dame V^re Duchesne, libraire, rue Saint-Jacques, au Temple-du-Goût, 1781.

Il y a des volumes aux dates de 1786, 1787 et 1788; quelques-unes portent l'indication du libraire Belin.

Je cite quelques passages de la préface de cette seconde édition : « On peut aujourd'hui parler du succès de cet ouvrage, qui est décidé, malgré les incorrections, les fautes en tout genre dont il est rempli, et la faiblesse de certaines *nouvelles ;*

mais il est aisé de sentir la raison qui les a fait passer, même aux lecteurs les plus sévères, c'est qu'il n'en est aucune qui ne renferme quelque leçon utile fortement exprimée; etc., etc. — Je profite de l'occasion pour remercier ici les personnes qui ont bien voulu me donner des sujets à traiter : M. Dumont, censeur-royal, auteur de la *Théorie du luxe ;* M. Favart, connu de tout le monde par ses charmantes productions ; M. Rochon de Chabannes, M. de Carmontel, M. de la Place, etc. »

Le vingt-neuvième volume contient un choix de chansons badines.

Une bonne édition des *Contemporaines* a beaucoup de prix en librairie. Quelques exemplaires d'amateurs contiennent des esquisses et des épreuves avant la lettre.

En 1825, le libraire Peytieux, se trouvant propriétaire d'un certain nombre de *Contemporaines*, fit faire une nouvelle couverture et en annonça la vente. 38 vol.

N° 22. — LA DÉCOUVERTE AUSTRALE. 4 vol.

Faux-titre : Œuvres posthumes de N*******. Œuvre S^{de}., La *Découverte australe* ou les Antipodes ; avec une estampe à chaque fait principal. 1781.

Titre: « *La Découverte australe* par un Homme volant, ou *le Dédale français ;* nouvelle très-philosophique, suivie de la Lettre d'un Singe, etc. Epigraphe : *Dœdalus interea Creten,* etc. (au long à la préf.) Fleuron : L'Amour portant dans ses bras deux colombes. Imprimé à Leïpsick ; et se trouve à Paris. »

Sans date. — 4 vol. in-12. Pagination suivie jusqu'à la page 624 du troisième volume.

Sur le titre du second volume, ces mots : « (au long à la préf.) » sont remplacés par ceux-ci : (citation de la préface.)

Sur le titre du troisième volume l'épigraphe change : *Felix qui rerum potest cognoscere causas !* A la page 566 on lit : « Fin de la *Découverte australe.* » Un nouveau travail intitulé : « Cosmogénies, ou Systèmes de la Formation de l'Univers, suivant les Anciens et les Modernes » continue la pagination, 567 à 624. La page 624 est occupée par ce titre : « Suite du III volume. Lettre d'un Singe, aux Animaux de son Espèce, avec des Notes historiques. Dissertation sur les Hommes-brutes. La séance chés une Amatrice, composée de VI Diatribes : I. L'Homme-de-nuit ; II. L'Iatromachie ; III. La Raptomachie ; IV. La Loterie ; V. L'Olympiade, Armide, etc. VI. Gluck, et les Loups. » Après la page 624 la pagination recommence ; elle s'arrête pour cette suite du 3e vol. à la page 92.

Enfin le titre du quatrième volume est celui-ci : — « La Découverte australe par un Homme volant, ou le Dédale français ; nouvelle très-philosophique. Quatrième volume, contenant les *Notes sur la Lettre d'un Singe, la Dissertation sur les Hommes-brutes, et la Séance chés une Amatrice.* » Ce quatrième volume commence à la page 95 et finit à la page 334, après l'*Homme de nuit.* Quant aux autres morceaux indiqués, l'*Iatromachie, la Raptomachie,* etc., il n'y sont pas.

La Découverte australe renferme vingt-trois gravures d'un genre extraordinaire. La 1re : Victorin prenant son vol. 2e Victorin enlevant Christine. 3e Les hommes de nuit. 4e Ishmichtriss qu'on achève de parer. 5e Mariage du fils de Victorin avec Ishmichtriss. 6e Les hommes-singes. 7e Les hommes-ours. 8e Les hommes-chiens. 9e Les hommes-cochons. 10e Les hommes-taureaux. 11e Les hommes-moutons. 12e Les hommes-castors. 13e Les hommes-boucs. 14e Les hommes-chevaux. 15e Les Hommes-ânes (« *Explication de l'estampe* : Un jeune homme-âne exprimant sa tendresse à une jeune personne de son espèce. Le galant dit à sa

maîtresse : *Hhîh hhouh ; hhánh, hhánh !* »)
16ᵉ Les Hommes-grenouilles. 17ᵉ Les hommes-serpens. 18ᵉ Les hommes-éléfans. 19ᵉ Les hommes-lions. 20ᵉ Les hommes-oiseaux. 21ᵉ Hermantin haranguant les Mégapatagons. 22ᵉ César de Malaca écrivant aux animaux de son espèce. 23ᵉ La Séance chés une Amatrice. Cette gravure est de double grandeur ; elle est pliée en deux dans le volume.

La base du système physique développé dans cet ouvrage est qu'originairement il n'y eut qu'un seul animal et qu'un seul végétal sur notre globe. Ce sont les différences de sol et de température qui ont amené la variété des êtres et produit des animaux mixtes.

La description de la machine inventée par Victorin pour s'élever dans les airs, est faite pour intéresser beaucoup de personnes.

Nº 23. — L'ANDROGRAPHE, OU IDÉES D'UN HONNÊTE HOMME sur un projet de règlement, proposé à toutes les nations de l'Europe, pour opérer une réforme générale des mœurs, et par elle, le bonheur du genre humain ; avec des notes historiques et justificatives. Recueillies par N.-E. Rétif-de-la-Bretone, éditeur de l'ouvrage. — Epigraphe : « Maudit celui qui, le premier, entourant un champ d'un fossé, dit : Ce champ est à moi ! J. J. R. »

A la Haie, chés Gosse et Pinet, libraires de Son Altesse Sérénissime. Et se trouve à Paris, chés la dame Veuve Duchesne et Belin, libraires, rue Saint-Jacques, et Mérigot jeune, quai des Augustins. 1782. Deux parties en un volume grand in-8° de 475 pages.

Rétif avait d'abord annoncé cet ouvrage sous le titre de l'*Anthropographe ou l'Homme réformé;* ce titre se retrouve en tête du texte (après les seize premières pages formant introduction), et au commencement de la seconde partie. Ce n'est qu'après coup qu'il y a substitué celui de l'*Andrographe*.

N° 24. — LA DERNIÈRE AVANTURE D'UN HOMME DE QUARANTE CINQ ANS; nouvelle utile à plus d'un lecteur. Epigraphe : ...... *Venit magno fœnore tardus amor.* Propert. A Genève. Et se trouve à Paris, chés Regnault, libraire, rue Saint-Jacques, vis-à-vis la rue du Plâtre. 1783. Deux parties, en un seul volume in-12 de 528 pages. L'épigraphe change sur le titre de la seconde partie : *Turpe senilis amor.* Un frontispice pour chaque partie ; le premier : Binet, del. Giraud l'aîné scul. Le second : Binet, del. Pouquet scul.

La première partie renferme une pièce de théâtre : ***L'Amour et la Folie ou le Rosier retrouvé***, pastorale mêlée de symfonies (*sic*) et de danses. Elle commence à la page 138 et finit à la page 172. — « Cette pièce n'est qu'une vraie misère » dit Rétif dans la note qui la précède.

N° 25. — LA PRÉVENTION NATIONALE. 3 vol. in-12, ainsi divisés :

Premier volume. « *La Prévention nationale*, action adaptée à la scène ; avec deux variantes, ét les faits qui lui servent de base. Première partie, contenant : La Prévention-nationale, action en-cinq-actes ; son analyse et la seconde variante. Epigraphe : « Le Français estime toutes les autres nations, ét il ne leur attribue pas en général les défauts des particuliers. » A la Haie, et se trouve à Paris chez Regnault, libraire, rue Saint-Jacques, près celle du Plâtre. 1784. »

Ce premier volume contient une « dédicace naturelle » *à Madame******. En voici le texte abrégé : « Madame et mère, je crois vous devoir l'hommage particulier de ce drame, à tous les titres : je suis votre fils, je vous respecte, je vous chéris..... J'ai saisi l'occasion d'obliger l'auteur ; j'ai lu son drame, je lui ai suggéré des corrections qu'il a goûtées ; enfin, j'en suis devenu l'éditeur pour avoir occasion de vous en faire hommage. » Le tout est signé de sept étoiles. — Après cette dédicace, vient un second titre : « *La Prévention -nationale*, action en cinq actes, destinée pour l'un des théâtres de la capitale. 1784. »

A la page 217, une page est employée à produire un nouveau titre : « *La Prévention nationale*, action adaptée à la scène. Variantes : Seconde composition ou seconde variante, rendue à la manière de Shakespear, c'est à-dire sans unité-de-temps ni de-lieu, afin-de pouvoir tout mettre en-tableaux vivans, sous les ïeus des spectateurs. Fleuron : un navire. Imprimé à la Haie. Et se trouve à Paris chés le libraire indiqué au frontispice de la I partie. 1784. »

Deuxième volume. « *La Prévention nationale*, action adaptée à la scène ; avec deux variantes, ét les faits qui lui-servent de base.

Seconde partie, contenant : la première variante ; I, les Lettres authentiques (A) ; II, les Traits historiqs (B) ; III, le Fait original (C) ; IV, le Prisonnier de guerre (D). Par N. E. Rétif-de-la-Bretone. Imprimé à la Haie. 1784. »

La page 89 est consacrée à ce nouveau titre : « Faits qui servent de base, à la Prévention-nationale. I. Lettres-authentiques (A). A la-Haie. 1784. »

Troisième volume. « *Faits qui servent de base à la Prévention nationale.* Suite. III, le Chevalier-d'Assas (B 2). IV, Charles-Dulis (B 3). V, les Deux-Anglais (B 4). VI, Le fils-obeïssant (C). VII, le Prisonier-de-guerre (D). VIII. La Prévention dramatique. IX. La Prévention particulière. Analyse de la *Dernière Avanture d'un homme de quarante-cinq ans.* Second volume de la seconde partie. A Genève. Et se trouve à Paris chés Regnault, libraire, rue S.-Jacques, vis-à-vis la rue du Plâtre. 1784. »

La PRÉVENTION NATIONALE renferme dix gravures : 1re Dulis fils devant le portrait de son père. 2e Le dîner de famille. 3e La jeune Anglaise charmant les Français. 4e La malédiction paternelle. 5e La prévention nationale détruite. 6ᵉ Jeanne-d'Arc. 7ᵉ L'amitié. 8ᵉ Le chevalier d'Assas. 9ᵉ Les deux Anglais. 10ᵉ Le prisonnier de guerre.

Il y a, à la fin du troisième volume de *la Prévention nationale* une correspondance assez intéressante de Mlle Minette de Saint-Léger, plus tard Mme de Colleville, auteur de pièces de théâtre et de romans. Rétif de la Bretonne lui avait écrit pour rechercher sa connaissance. Mlle de Saint-Léger lui répondit : «.........Mes parens, qui se sont trouvés aussi honorés que moi de la lettre que vous avez daigné m'écrire, se flattent de l'avantage de vous recevoir à dîner ; mais je vous demande en toute grâce une préférence, qui serait de venir mercredi prochain prendre du chocolat avec moi, à dix heures du matin, pour que nous pussions bien faire connaissance ensemble, et nous ouvrir l'un à l'autre avant que de nous voir en public. Il faudrait pour lors me demander, et monter tout droit à mon appartement. Je voudrais une réponse. »

7ᵉ lettre. «....... J'aime dès que j'admire ; j'ai toujours été amoureuse, durant deux ou trois jours, des auteurs qui m'ont pénétrée ; les morts comme les vivans ont eu ma conquête. — Vient ensuite ma gaîté ; c'est le moment des contrastes, vu mon attachement à l'étude. J'ai une autre âme pour la danse, qui ne me sert qu'au bal et qui ne sent autre chose que la musique, la mesure, et cette joie de situation à laquelle on s'abandonne sans se donner le tems de la goûter. Comme je ris ! Jugez aussi combien mes larmes doivent être amères ! Je suis toute d'une pièce dans chaque action de ma vie. Je ne sais donner que tête baissée : fatale vérité ! Me corrigerez-vous ? »

8ᵉ lettre. (1783). « Voilà-t-il une belle date ! Dès l'année passée nous nous aimions ; cette année nous nous aimons encore davantage, et je pourrai voir arriver ainsi ma vieillesse, dans toute la satisfaction de mon cœur. — C'est le livre du ciel que la *Vie de mon père* ; c'est surement celui que liront les bienheureux. Quelle est donc cette tyrannie qu'on exerce contre vous ? Je voudrais, comme je le disais un jour à quelqu'un dans toute l'effusion de mon cœur, je voudrais avaler vos chagrins. »

15ᵉ lettre. « C'est mal agir que de ne pas répondre à sa petite amie, de ne pas la rassurer sur l'état d'une santé qui l'intéresse ; mais aussi ce serait bien joli de venir voir de bonne heure lundi matin la petite personne, de l'embrasser et de croire à sa tendre et respectueuse estime. »

Il est vrai de dire que dans ces lettres, Mlle de Saint-Léger n'est désignée que sous le pseudonyme de *Felisette*. Ce n'est que plus tard, dans le *Monsieur Nicolas,* que Rétif a cru devoir lui restituer son vrai nom.

Sur les instances de l'astronome Lalande qui s'intéressait à Mlle de Saint-Léger, Rétif consentit à faire des cartons pour le restant de l'édition de la *Prévention nationale*, et il retrancha une lettre latine qui avait trait à cette jeune personne.

N° 26. — LA PAYSANE PERVERTIE ; 4 vol. in-12.

Frontispice portant en faux-titre : *la Paysane pervertie.*

Titre : « *Les Dangers de la ville*, ou Histoire effrayante ét morale d'Ursule, dite la Paysane-pervertie, mise-nouvellement-au-jour, d'après les veritables lettres des Personnages, fournies par Pierre R**, frère-ainé d'Ursule ét d'Edmond ; Et publiée par l'Auteur du Paysan-perverti. Imprimé à la Haie. Et se trouve à Paris, chés le libraire indiqué

au frontispice de la I partie du Paysan. 1784. »
— 4 vol. in-12 (huit parties) ; avec trente six gravures, très-belles. Chaque volume contient à la fin une table explicative des gravures, avec ce titre : « *Les Figures de la Paysane pervertie*. Rétif-de-la-Bretone *invenit* ; Binet, *delineavit* ; Berthet et Leroi, *incuderunt*. La Naïveté, l'Innocence, la Candeur, l'Enchantement séducteur de la Ville, les Femmes, les Desirs, les Plaisirs, la Volupté, les Ecarts, l'Egarement, la Licence, la Débauche, le Vice, le Crîme, l'Echaffaud, l'Infamie, le Desespoir, la Mort. »

Le 4ᵉ volume contient (page 301) la *Complainte du Paysan et de la Paysane chantée dans leur pays* ; elle a cinquante six couplets, sur l'air de la romance de Gabrielle de Vergy. Elle est suivie d'une *Revue des ouvrages de l'auteur*.

Bien que datée de 1784, *la Paysane* ne parut qu'au mois d'août de l'année suivante, à cause des difficultés de la censure. Sur le compte-rendu de l'abbé Terrasson, elle avait été rayée du registre des permissions par le garde-des-sceaux Miromesnil. Ce fut M. de Villedeuil, alors ministre, qui l'autorisa sous le titre des *Dangers de la ville*, que nous venons de transcrire. Il faut cependant que des exemplaires portant le titre de la *Paysane* se soient glissés dans le commerce, et en outre que Rétif ait fait plus tard imprimer d'autres couvertures, car le bel exemplaire non rogné sortant de la bibliothèque Pixérécourt et également daté de 1784, porte ce titre : « *La Paysane-pervertie ou les Dangers de la ville,* etc. Avec 114 estampes. Par l'auteur du *Paysan perverti.* Imprimé à la Haie. Et se trouve à Paris chés la d^me Veuve Duchesne, libraire en la rue Saint-Jacques, au Temple-du-Goût. 1784. » Au verso de ce titre, on lit, après un avis de l'éditeur au lecteur : « Cet ouvrage complète le *Paysan.* Les deux ont ensemble 114 estampes. » Enfin, sur le titre du quatrième volume, au lieu de : « Avec 114 estampes », il y a : « Avec 116 estampes. » La *Revue des ouvrages* n'existe pas sur l'exemplaire de Pixérécourt.

Sur l'édition autorisée par le ministre, un carton très-bien fait a été appliqué sur le titre primitif (on le distingue en le présentant au grand jour), auquel il substitue celui-ci : « Les Dangers de la Ville; ou Histoire d'Ursule R**, faites sur les véritables Lettres des Personages. Imprimé à La-Haie. 1785. »

Ce sont ces contradictions, résultant des

nombreux trafics de Rétif et de la facilité que lui donnaient ses connaissances pratiques en typographie pour tirer parti plusieurs fois de la même mise en œuvre, ce sont ces contradictions, disons-nous, qui ont toujours égaré les bibliophiles dans la classification de ses ouvrages.

Il existe une *Paysane pervertie ou les Mœurs des grandes villes ;* elle est de Nougaret et parut en 1777.

N° 27. — LES VEILLÉES DU MARAIS; ou Histoire du grand prince Oribeau, roi de Mommonie, au pays d'Evinland ; et de la vertueuse princesse Oribelle, de Lagenie : Tirée des anciénnes-Annales-Irlandaises, et recemment-translatée en-français : Par Nichols-Donneraill, du comté de Korke, descendant de l'auteur. 1er volume ; 1re partie, contenant les chapitres du premier abécédaire. Fleuron : deux majuscules : A-O, ornées et encadrées. Imprimé à Waterford, capitale de Mommonie. 1785. — 2 vol in-12, quatre parties.

Le premier volume est de 496 pages. A la page 237, il y a un nouveau titre pour la seconde partie, semblable au précédent, avec cette différence que le nom du soi-disant traducteur Nichols Donneraill est supprimé. Le reste est ainsi présenté : — Seconde partie, contenant les chapitres du premier abécédaire. P-Z. Imprimé, etc. (comme ci-dessus.)

Le deuxième volume est de 560 pages. Le nom du traducteur est également supprimé sur le titre. — 2ᵉ volume ; 3ᵉ partie, contenant les chapitres du second abécédaire. A-J. Imprimé, etc.—Page 269 ; même titre répété. Quatrième partie, contenant les chapitres du second abécédaire. K-Z. Imprimé, etc.

Seconde édition. — *L'Instituteur d'un prince royal*, tirée d'un ouvrage Irlandais. 1791. — 4 vol. in-12. C'est le même ouvrage que les *Veillées*, pour lesquelles Rétif fit faire quelques cartons et mit un nouveau titre.

Il existe un seul exemplaire (nous ne savons entre quelles mains il se trouve) des *Veillées du Marais* ornées de 52 dessins ; Rétif l'a offert, dans les tables de ses ouvrages, au prix de 724 livres.

N° 28. — LES FRANÇAISES, ou XXXIV Exemples choisis dans les mœurs actuelles, Propres à diriger les filles, les femmes, les épouses et les mères. A Neufchâtel, Et se trouve à Paris. Chés Guillot, libraire de **Monsieur**, rue Saint-Jacques, vis-à-vis celle des Mathurins. 1786. — 4 vol. in-12 ; le premier de 272 pages ; le deuxième de 312 ; le troisième de 312 ; et le quatrième de 324.

34 gravures, numérotées.

Epigraphe différente pour chaque volume :

Premier volume : LES FILLES. *La Hija, y el Vidrio, Sempre estan in peligro.*

Deuxième volume : LES FEMMES. *La Muger y la Pera, La que mas calla, es buena.*

Troisième volume : LES ÉPOUSES. *La Fama de su honestidad, en Mugeres, Delicada cosa es !*

Quatrième volume : LES MÈRES. *A su Hijos y sus Hijas sabia Madre dezia :*

Tres Muchos, y tres Pocos destruyen e Hombre :

> *Mucho hablar, y Poco saber ;*
> *Mucho gastar, y Poco tener ;*
> *Mucho presumir, y Poco valer.*

L'adresse de Guillot, libraire, n'est que

sur le premier volume ; les trois autres ne portent que cette indication : A Neufchâtel, et se trouve à Paris.

N° 29. — LES PARISIENNES, ou XL caractères generaux Pris dans les Mœurs actuelles, Propres à servir à l'instruction des Personnes-du-Sexe : Tirés des Memoires du nouveau *Lycée-des-mœurs*. A Neufchâtel, et se trouve à Paris. Chés Guillot, libraire de *Monsieur*, rue S.-Jacques, vis-à-vis celle des Mathurins. 1787. — 4 vol. in-12 ; le premier de 300 pages ; le deuxième de 388 ; le troisième de 392 ; le quatrième de 380. L'adresse de Guillot n'est que sur le premier.

20 gravures, numérotées. — La dernière représente le Jugement de Pâris ; Vénus s'y montre nue, avec une paire de bas et des jarretières ; elle est en grande coiffure poudrée.

Premier volume : *Les Jeunes-filles et les Filles-à-marier*.

Deuxième volume : *Les N^{lles}-mariées ; les Mariées depuis 3 ans*.

Troisième volume : *Les Epouses à imiter : — à fuir*.

Quatrième volume : *Les J^{nes} Mères, et de Grands-enfans.*

N° 30. — LE PAYSAN ÉT LA PAYSANE PERVERTIS ; ou Les Dangérs de la Ville ; Histoire récente, mise au jour d'après les véritables Lettres des Personages. Par N.-E.-Rétif-de-la-Bretone. Imprimé à la Haie. 1784. — 8 vol. in-12 ; avec les 120 figures.

Ce sont les deux romans augmentés, entièrement remaniés et fondus ensemble. Cette édition, bien que datée de 1784, ne vit le jour qu'en février 1787. Afin de faire tomber les contrefaçons, Rétif l'imprima en petits caractères, 33 lignes à la page. Elle est surchargée d'incidens oiseux et de morceaux détachés intitulés *Juvenales*. Nous lui préférons les deux versions distinctes.

N° 31. — LES NUITS DE PARIS, ou le Spectateur nocturne. Epigraphe :

Nox et amor vinumque nihil moderabile suadent ;
Illa pudore vacat, liber, amorque metu. Ov.

A Londres et se trouve à Paris chés les libraires nommés en tête du catalogue. 1788-1794. — 16 parties, en 8 vol. in-12, avec dix-huit gravures. La pagination est suivie jusqu'à la fin de la quatorzième partie, qui s'arrête à la page 3359, et qui dans l'esprit de l'auteur devait être la dernière, car après la table on lit : « Fin de la quatorzième et dernière partie, » Ce furent les événemens qui engagèrent Rétif à continuer les *Nuits*.

La quinzième partie a ce titre spécial : « *La Semaine nocturne* : Sept nuits de Paris ; qui peuvent servir de Suite aux IIIÇLXXX déjà publiées. Ouvrage servant à 'histoire du Jardin du Palais-Royal. Epigraphe : Les Extrêmes se touchent ! A Paris, chés Guillot, rue des-Bernardins. 1790. — 1 vol. in-12 de 164 pages. »

La seizième partie est extraordinairement rare ; elle a peu circulé, à cause des frayeurs du libraire, qui finit même par la retirer de la vente. En voici le titre : — *Les Nuits de Paris*, ou le Spectateur-nocturne. Épigraphe : «Je ne m'apitoye pas sur un Roi : Que les Rois plaignent les Rois ; je n'ai rien de commun avec ces Gens-là ; ce n'est pas mon prochain. *Drame de la Vie.* p. 1332. » Tome huitième : Seizième partie. A Paris. 1794. Tout au bas : Les XV premières parties se trouvent chés le c. Merigot, quai de la Vallée. — 1 vol. in-12 ; la pagination continue la *Semaine nocturne* : 269 à 564 ; avec une introduction de IV pages, après laquelle est annoncée : « L'Estampe : Marieanne-Charlote Cordai exécutée. » Cette estampe est la même qui figure dans l'*Année des Dames nationales*. Au bas de la page 560, après la suite de la table : « Fin de la XVI partie, Tome VIII. » — Les pages suivantes sont remplies par des corrections et additions. Le dernier mot de ce volume est : Vive la République et la Montagne !

Le libraire Mérigot ayant acquis, en 1791, l'édition des *Nuits,* fit faire un nouveau titre ainsi conçu : « *Les Nuits de Paris*, ou le Spectateur-nocturne. Epigraphe :

Nox et amor vinumque nihil moderabile suadent :

Illa pudore vacat, Liber, Amorque metu. Ov. A Paris, chez Merigot jeune, libraire, Quai des augustins, au coin de la rue Pavée. 1791. »

Contrefaçon : « *Les Nuits de Paris*, ou l'Observateur nocturne. Par M. Rétif de la Bretoné, auteur des *Contemporaines*, du *Paysan* et de la *Paysane pervertis* (même épigraphe). A Londres, et se trouve chez les principaux libraires de France. 1789. »

Les *Annales patriotiques* annoncèrent les *Nuits de Paris* en ces termes : « Nous croyons faire un présent agréable au public que de lui présenter cet utile ouvrage dans les circonstances actuelles. Il éclairera les administrateurs et les citoyens sur tous les abus de la police dans les grandes villes. »

Les *Nuits de Paris,* en effet, quoique mal ordonnées, renferment des parties saisissantes. Par cela même qu'elles ont été conçues sans aucune espèce de plan, elles abondent en détails sur les choses et sur les hommes du temps, sur les journaux, sur les cafés, sur les promenades. Un chapitre en forme de rêve, intitulé l'an 1888, contient ce passage à peu près prophétique : « Je me suis trouvé en 1888, au mois d'Auguste sur le pont-Henri (le Pont-neuf). Louis XVIII régnait ; tous les ponts et tous les quais étaient libres ; la rue de la Pelleterie et celle de la Huchette étaient des quais ; l'Hôtel-Dieu n'était plus ; la Cité était un beau quartier tiré au cordeau comme Nancy ; un architecte avait transporté ailleurs les deux ridicules pavillons du collège Mazarin ; l'autre galerie du Louvre était achevée ; une cour immense se trouvait au milieu, dans laquelle se trouvaient isolés les trois théâtres royaux. » Indiquons encore dans la quatorzième partie une revue complète de tous les acteurs de Paris, ainsi qu'un grand travail sur le Salon de 1787.

Nous avons eu entre les mains un exemplaire des *Nuits,* appartenant à M. le baron de Lamothe-Langon, et annoté par lui. En tête, on lisait :

« Les noms écrits à la main dans cet ouvrage sont les noms réels, confiés à la comtesse Fanny de Beauharnais par Rétif de la Bretonne, et qu'elle m'a permis de copier le 7 décembre 1809 sur l'original qu'elle tenait de cet auteur. BARON DE LAMOTHE-LANGON. Paris, le 12 mai 1841. » La plupart de ces noms offrant quelque intérêt, nous les rétablissons ici :

La Vaporeuse.	Lisez :	Mme de Marigny, p. 9.
Mme d'Imberval.	—	Mme de Valimbert, p. 31.
D'Angeval.	—	Valange, p. 32.
Mme de Nebli.	—	Belin, p. 35.
Le C. D. C. T.	—	Le comte de Clermont-Tonnerre, p. 82.
Mme Dechaillot.	—	de Lillochai, p. 256.
Mme Decollassin.	—	de Nicolas, p. 664.
Un homme d'un certain âge et d'une figure heureuse.	Lisez :	Grimod de la Reynière, p. 961.
Le Marquis de B.	—	de Brunoy, p. 966.
On arriva dans la rue (.....).	—	du Croissant, p. 1120.

La *Semaine nocturne* (quinzième partie) donne très au long les détails de l'arrestation de Rétif. à la suite d'une dénonciation faite au comité du district de Saint-Louis-la-Culture par son gendre Augé, qui l'accusait d'être l'auteur de trois libelles infâmes, entre autres du *Dom B. aux États Généraux*. Traduit devant la Commune, Rétif se justifia aisément, tandis que son gendre fut reconnu coupable de calomnie. Cet événement, dont toutes les pièces sont rapportées à la fin de *la Semaine*, nous a engagé à rechercher le *Dom B*. C'est une brochure grand in-8° de de seize pages et divisée en six chapitres de la plus révoltante obscénité. Le seul passage qui ait pu donner lieu à l'accusation d'Augé est celui-ci : « Le remède à tous ces abus serait, je crois, d'adopter le système de feu sieur de la Bretone, grand écrivain moraliste, il a proposé dans le *Pornographe*, de classer toutes les filles de joie, de les diviser en différentes maisons. Les prix différens seraient gravés sur la porte d'entrée : *de 12 liv. à 3 liv.*, et sur les portes de celles-ci seraient d'autres écritaux particuliers, tels que : petite taille, blonde, etc. » (page 8.)

Recommandons à l'attention les gravures des *Nuits de Paris ;* Rétif y est représenté dans presque toutes, avec son manteau et son chapeau à larges bords. Dans la première, il occupe seul la scène ; c'est un vrai portrait en pied. Ailleurs, on le voit séparant des duellistes, observant des joueurs de billard, surprenant les secrets d'un mauvais gîte, ou accostant une jeune fille dans l'île Saint-Louis. Chez Grimod de la Reynière, à l'un de ces soupers fantasmagoriques qui firent tant de bruit, il figure, la tête couverte au milieu des nombreux convives (treizième partie). Il est encore fort ressemblant dans l'estampe où il présente sa fille Marion à la comtesse de Beauharnais ; la coiffure de cette dernière est tout un monument, avec colonne, rempart, créneaux et plumets. La *Semaine nocturne* montre Louis XVI sur son trône. — Au verso du titre de chaque volume (excepté dans la *Semaine*) est une indication pour les gravures. Cependant, la douzième partie annonce un portrait qui n'a pas été donné.

Les *Nuits de Paris* ont été traduites en allemand par extraits.

N° 32. — LA FEMME INFIDELLE. A la Haye, et se trouve à Paris chez Maradan, libraire, rue des Noyers, n° 33. 1788. Quatre parties; 4 vol. in-12, dont la pagination n'est pas interrompue; les numéros vont jusqu'à 979. Orthographe à peu près régulière.

L'avant-propos, de dix pages, est signé Maribert-Courtenay, et suivi de quelques mots explicatifs : « Comme mon nom est absolument nouveau dans la littérature, il faut le faire connaître. Ce n'est pas de la ville de Courtenay que je le tire, mais d'un franc-aleu borné à l'est et au sud-est par le finage de Saci; au sud, par celui de Vermanton, etc., etc. Ce franc-aleu fut donné par un seigneur de l'illustre maison de Courtenay à Maribert I, son bâtard, dont je descends. »

Nous lisons sur un catalogue du libraire Maradan que la *Femme infidelle* se vendait 4 l. 16 s.

Rétif a tracé dans ce roman le tableau des égarements réels ou prétendus de sa femme.

N° 33. — INGÉNUE SAXANCOUR, ou la femme séparée : Histoire propre à démontrer, combien il est dangereux pour les filles, de se marier par entêtement, ét avec précipitation, malgré leurs parens : Ecrite par Elle-même. A Liège, Et se trouve à Paris, chés Maradan, libraire, rue des Noyers; n° 33. 1789. — 3 parties; 3 volumes in-12; le premier de 248 pages, le deuxième de 240 et le troisième de 260.

Chaque volume contient, en manière d'intermède, une pièce de théâtre; le premier volume : *Le Loup dans la Bergerie*; le deuxième volume : *la Matinée du père de famille* et, en outre, la Lettre de Piron, ainsi que son ode sur son voyage à Beaune; le troisième volume : *Epiménide*, comédie en trois actes.

Ingénue Saxancour est l'histoire de la fille ainée de Rétif de la Bretonne, histoire désolante et sans doute exagérée à dessein. On a peine à concevoir comment Rétif ose ainsi dévoiler les turpitudes de son ménage et de sa famille. L'immolation personnelle a ses bornes; et dans *Ingénue*, comme dans la *Femme infidèle*, il les a franchies sans véritable intérêt pour le lecteur.

N° 34. — LE THESMOGRAPHE, ou idées d'un

honnête-homme sur un projet de reglement proposé à toutes les nations de l'Europe, pour operer une reforme generale des Loix ; avec des notes historiques. Epigraphe : *Salus populi suprema lex esto*. XII. *Tab.* A La-Haie, chés Gosse-Junior et Changuion, libraires des Etats. Et se-trouve à Paris, chés Maradan, libraire, rue des-Noyers, n° 33. 1789 — Deux parties, en un fort volume in-8° de 590 pages. La première partie s'arrête à la page 156. Titre de la seconde partie : « *Le Thesmographe*, ou Idées d'un honnête-homme sur un projet de règlement, proposé à toutes les nations de l'Europe, pour operer une reforme generale des Loix. *Salus populi suprema lex esto*. XII *Tab* Seconde partie. Contenant les Notes (A), (B), (C), (D), (E), (F), (G), (H), (I).

La seconde partie contient deux pièces de théâtre : Le *Boule-Dogue ou le congé*, « comédie en deux actes destinée au Théâtre des Danseurs-de-corde, le sujet étant trop bas pour les Variétés » — et l'*An Deux-Mille*, comédie-héroïque, mêlée d'ariettes, en trois actes. Cette seconde partie est remplie également par plusieurs morceaux tant en vers qu'en prose.

N° 35. — MONUMENT DU COSTUME physique et moral de la fin du Dix-huitième siècle, ou Tableaux de la vie, orné de figures dessinées et gravées par M. Moreau le jeune, Dessinateur du Cabinet de S. M. T. E. et par d'autres célèbres Artistes. A Neuwied sur le Rhin, chez la société typographique 1789. — 1 volume grand in-folio ; 36 pages de texte et 26 gravures.

Voici les titres des chapitres auxquels correspondent les gravures :

Déclaration de la grossesse, Moreau le jeune, del, Martini, scul.
Les précautions, id. id.
J'en accepte l'heureux présage, id. Trière, scul.
N'ayez pas peur, ma bonne amie, id. Helman, scul.
C'est un fils, Monsieur, id. Baquoy, scul.
Les petits parains, id. C. Baquoy, me. aqua F. Patas terminavit.
Les délices de la maternité, id. Helman, scul.
L'accord parfait, id. id.
Le rendez-vous pour Marly, id. Carl Guttenberg, sc.
Les adieux, id. De Launay le jeune, scul.
La rencontre au bois de Boulogne, id. Henri Guttenberg, scul.
La dame du palais de la Reine, id. Martini, scul.
Le lever du petit maître, id. Halbou, scul.
La petite toilette, id. Martini, scul.
La grande toilette, id. Romanet, scul.

Le matin, sans signatures, attribuée à Freudeberg.
La course de chevaux, Moreau le jeune, del. H. Guttenberg, scul.
Le pari gagné, id. Cambique, scul.
La partie de wish, id, Dambrun, scul.
Oui ou non, id. Thomas, scul.
La surprise, sans signatures. Elle est de Freudeberg. (Ingouf, scul.) Elle avait paru quelques années auparavant, avec ce titre : *les Mœurs du Temps*, et cette légende : « On épouse une femme, on vit avec une autre, et l'on n'aime que soi. »
La petite loge, Moreau, del. Patas, scul.
La sortie de l'opéra, id. Malbeste, scul.
Le souper fin, id. Helman, scul.
Le seigneur chez son fermier, id. Delignon, scul.
Le vrai bonheur, id. Simonet, scul.

Un *avis des éditeurs* est placé en tête de l'ouvrage : « La fin du dix-huitième siècle sera l'une des époques les plus remarquables de l'histoire. La révolution qui s'est faite dans les idées et dans les usages est digne d'exercer les pinceaux des Théophraste et des La Bruyère. C'est d'après ces modèles qu'est rédigé l'ouvrage dont nous faisons l'hommage au public. Il est orné de gravures qui présentent divers événemens de la vie de société. Elles sont l'ouvrage des artistes les plus habiles de notre tems.

« Les faits employés dans la plupart des traits relatifs à chaque estampe remplissent d'autant mieux le titre de *Costume moral* que l'auteur (M. Ret. de la B.) s'est attaché à les prendre dans la vérité. On sait qu'aucun homme de lettres n'a plus observé, n'a recueilli plus de traits frappans dans l'histoire privée de toutes les classes de la société; etc., etc. »

Cet ouvrage, très-beau et très-cher, véritable livre de fermier général, est devenu aujourd'hui d'une rareté excessive, surtout le texte. Les gravures sont des chefs-d'œuvre ; elles se vendent séparément et sont vivement recherchées.

Editions suivantes et contrefaçons. — *Monument du Costume* physique et moral de la fin du dix-huitième siècle; ou Tableaux de la vie. A Londres : chez C. Dilly, *Poultry*. 1790. — 2 vol. in-12 à belles marges, papier fort; avec une gravure au commencement de chaque volume : 1re *Declaration of Pregnancy*. Déclaration de la Grossesse. T. Holloway sculpt. 2e *The Levee*. Le lever du Petit-maître. J. Heat sculpt. Ces deux gravures sont excessivement jolies.

Tableaux de la Vie ou les Mœurs du dix-huitième siècle. Avec 17 figures en taille-douce. A Neuwied sur le Rhin, chez la Société typographique, et à Strasbourg, chez J. G. Treuttel. Sans date. 2 vol. in-18. — Avis des éditeurs : « Nous ne donnons point cette galerie pour une collection de tableaux originaux. Le *Monument du Costume* de M. Rétif de la Bretonne, et quelques autres ouvrages récens nous en ont fourni les matériaux. »

Tableaux de la Vie ou les Mœurs du dix-huitième siècle. Nouvelle édition. A Neuwied, sur le Rhin, chez la Société typographique. 1791. — 2 vol. in-18, le premier de 168 pages, et le second de 186. Même avis des éditeurs. Sans gravures.

N° 36. — LE PALAIS-ROYAL. 3 vol. in-12, avec trois grandes gravures, se pliant en trois.

Premier volume. Faux-titre : *Les filles du Palais-Royal.* Gravure : les trente deux Filles, dans l'Allée des soupirs.

Titre : Le Palais-Royal. Première partie. Les Filles de l'Allée des Soupirs. Epigraphe : *O tempora! ô mores!... Cicero et Martialis.* Fleuron : un compas ouvert. A Paris, au Palais-Royal dabord ; puis, Partout ; même chés Guillot, libraire rue des Bernardins. 1790.

Deuxième volume. Faux-titre : *les Sunamites au Palais-Royal.* Gravure : le Cirque. 48 femmes ; des musiciens jouant sur une estrade drapée.

Titre : Le Palais-Royal. Seconde partie. Les Sunamites. Même épigraphe et même fleuron.

Troisième volume. Faux-titre : les *Exsunamites au Palais-Royal*. Gravure : la Colonnade. 43 femmes.

Titre : Le Palais-Royal. Troisième partie. Les Converseuses. Même épigraphe et même fleuron. A Paris, au Palais-Royal dabord ; puis, Partout. 1790.

Rétif de la Bretonne se met en scène dans cet ouvrage sous le nom de M. Aquilin-des-Escopettes. Il dit en finissant : « La Révolution est opérée, citoyens ! tous les abus vont disparaître, et l'égalité va ramener les bonnes-mœurs. Hé ! ne dites pas que le riche fait-vivre le pauvre ! il le corrompt plus sûrement qu'il ne le fait vivre !..... Cependant nous observerons les mœurs, nous les guetterons pour-ainsi-dire, et nous crierons sus au Vice, comme vos sentinelles-nationales crient sus aux ennemis du Peuple ! »

Les faiseurs de dictionnaires ne manquent jamais d'ajouter à la mention du *Palais-Royal* ces mots . *production infâme.* Il serait au moins convenable qu'ils n'exprimassent pas leur opinion sur un livre qu'ils n'ont pas lu. Le *Palais-Royal* n'a rien de plus *infâme* que *le Paysan perverti* et *les Contemporaines.* — Recherché, autant pour le texte que pour les trois gravures, reproduction piquante des modes du temps.

N° 37. — ANNÉE DES DAMES NATIONALES. 12 volumes in-12. — 1791-1794. 42 gravures.

Titre du premier volume « : *L'Année des dames nationales*; ou Histoire, jour-par-jour, d'une femme de France. Par N.-E.-Réstif-de-la-Bretone. Janvier. 40 femmes. Provinces à l'Orient de Paris. Sujet de l'Estampe du Parisis. On y voit deux Costumes : la Duchesse, sous l'habit de sa condition, et la Charonète, sous celui de Paysane. A Genève, et se trouve à Paris chés les libraires indiqués à la tête de mon catalogue. 1791. » — Page 1 à 308. Un frontispice (tel qu'il est indiqué sur le titre) avec le mot *Janvier* au-dessus; et une estampe portant le n° de la page 136.

Deuxième volume : « *L'Année*, etc., (comme ci-dessus). Février. 40 femmes. Suite : Provinces à l'Orient de Paris. Sujet de l'Estampe : On y voit deux Nationales, la Champenoise et l'Alsacienne, sous le costume de leurs provinces. A Genève, etc. (comme ci-dessus). » — Pages 316 à 596. Un frontispice séparé en deux avec le mot *Février* au-dessus ; et cinq estampes, portant les n^os des pages 531 et 539.

Troisième volume : « *L'Année,* etc. (Plus de nom d'auteur.) Ouvrage particulièrement destiné à fournir aux auteurs des sujets dramatiques de tout genre, légèrement esquissés. Mars. 45 femmes. Suite : Provinces au sud de Paris. Sujet de l'Estampe : On y voit deux Nationales, la Comtoise, et la Bourguignone, sous le costume de leurs Provinces, outre 2 Estampes-de-situation. A Genève, etc. 1792. » — Pages 604 à 925. Un frontispice séparé en deux, avec ces mots au-dessus : *Mars : Chartraine, Valencese ;* et trois estampes, numérotées 647, 657 et 771.

Quatrième volume : « *L'Année,* etc. (comme ci-dessus). Avril. 45 femmes. Suite : Provinces au Sud de Paris. Sujet de l'estampe : On y voit deux Nationales, la Beausserone, et la Daufinèse, sous le costume de leurs Provinces, outre 2 Estampes-de-situation. A Genève, et se trouve à Paris chés les libraires indiqués au Frontispice du mois de decembre. 1794. » — Pages 932 à 1299. Un frontispice séparé en deux, avec l'indication d'*Avril* au-dessus ; et deux estampes, pages 961 et 971. Cette dernière, séparée en deux, comme le frontispice.

Cinquième volume : « *L'Année*, etc. Mai. 54 femmes. Suite : Provinces au Sud de Paris. Sujet de l'Estampe : On y voit deux Nationales, la Provençale, ét la Cevénèse, sous le costume de leurs Provinces, outre 2 Estampes-de-situation. A Genève, etc (comme ci-dessus). » — Pages 1304 à 1619. Un frontispice séparé en deux, avec ces mots au-dessus : *Mai : Sevénaise, Provençale ;* et deux estampes, pages 1454 et 1607.

Sixième volume. « *L'Année*, etc. Juin. 56 femmes. Suite : Provinces au Sud de Paris. Sujet de l'Estampe : On y voit deux Nationales, la Languedociénne, ét la Bearnése, sous le costume de leurs Provinces 3 outre *(sic)*, Estampes-de-situation. A Genève, Et se trouve à Paris chés les libraires indiqués à la fin au présent mois de juin. 1794. — Pages 1624 à 1916. Un frontispice coupé, avec ces mots au-dessus : *Juin : Langdocienne. Pavelotte, Bearnoise et Rousillotte ;* et deux estampes, pages 1657 et 1805.

Septième volume : « *L'Année des dames nationales* ou Histoire, jour-par-jour, d'une Femme de la Republique française. Ouvrage particulièrement destiné à fournir aux Auteurs des sujets dramatiques de tout genre, légèrement esquissés. Juillet. 68 femmes. Suite : Provinces au Sud-ouest de Paris. Sujet de l'Estampe : On y voit deux Nationales, la Guiénnêse et l'Auvergnate, sous le costume de leurs Provinces, outre 1 Estampe-de-situation. A Genève, Et se trouve à Paris chés les Libraires indiqués au frontispice du mois d'Auguste. 1794. » — Pages 1928 à 2256. Un frontispice coupé, avec l'indication de Juillet au-dessus ; et une estampe, page 1981.

Huitième volume : « *L'Année*, etc. Auguste. 58 femmes. Suite : Provinces à l'Ouest de Paris. Sujet de l'Estampe : On y voit deux Nationales, la Poitevine et la Bretone, sous le costume de leurs Provinces, outre 1 Estampe-de-situation. A Genève, Et se trouve à Paris Chés les Citoyéns Duchêne rue Saintjaques. Merigot jeune, quai de la Vallée. et Louis, Libraires, rue Saint-Severin. 1794. » — Pages 2264 à 2560. Un frontispice coupé, et une estampe (voluptueuse), page 2301.

Neuvième volume : « *L'Année*, etc. Septembre. 57 femmes. Suite : Provinces à l'Ouest de Paris. Sujet de l'Estampe : On y voit deux Nationales, l'Angevine, et la Picarde, sous le costume de leurs Provinces, outre 1 Estampe-de-situation. A Genève, etc.

(comme précédemment). » — Pages 2568 à 2855. Un frontispice coupé avec l'indication de septembre, et une estampe, page 2735.

Dixième volume : « L'Année des Dames nationales; ou le Kalendriér des Citoyénes : Histoire, jour-par-jour, d'une Femme de la Republique française. Ouvrage particulièrement destiné à fournir aux Auteurs des sujets dramatiques de tout genre, légèrement esquissés. Octobre, 57 femmes. ou Vindemiaire. Suite : Provinces à l'Ouest de Paris. Sujet de l'Estampe : On y voit deux Nationales, la Flandre, et la Liégoise, sous le costume de leurs Provinces, outre 1 Estampe-de-situation. A Genève, etc. » — Pages 2860 à 3202. Un frontispice coupé, avec cette indication au-dessus : 8bre 2. *Liegeoise.* 8bre 1. *Flamande;* et deux estampes, pages 2861 (exécution de Charlotte Corday) et 2942.

Onzième volume : « *L'Année*, etc. (comme précédemment). Novembre, 57 femmes. ou rumaire. Suite : Provinces au Nord'ouest de Paris. Sujet de l'Estampe : On y voit deux ationales, la Rouanese et la Cauchoise sous le costume de leurs Provinces, outre 2 Estampes-de-situation. A Genève, etc. » — Pages 3208 à 3522. Un frontispice coupé, avec cette indication : 9bre 2. *Cauchoises.* 9bre 1. *Rouanaises ;* et deux estampes, pages 3427 et 3486.

Douzième volume : « *L'Année,* etc. Décembre, 57 femmes. ou Frimaire. Suite : Provinces au Nord'ouest de Paris. Sujet de l'Estampe : On y voit deux Nationales, la Corsese, et la Sandomingote, sous le costume de leurs Provinces, outre 1 Estampe-de-situation. A Genève, etc. » — Pages 3228 à 3825. Un frontispice coupé, avec ces mots au-dessus : X^{bre} 2. *Martiniquaine.* X^{bre} 1. *Corsienes ;* et une estampe numérotée 3567, mais devant être placée à la page 3571.

Les indications des estampes, placées à la fin de chaque volume, sont très-inexactes ; il ne faut pas y avoir égard. D'ailleurs, ces estampes, sauf quelques-unes, sont sans valeur; la plupart même avaient déjà figuré dans *les Contemporaines.* — Papier à chandelles. Impression effroyable. — Cependant l'ouvrage entier n'en a pas moins coûté trente mille francs, s'il faut en croire cette note finale de Rétif de la Bretonne : « Le voilà donc terminé, cet Ouvrage que je ne croyais pas terminer ! Je suis parvenu à le mener à sa fin, à travers mille obstacles, mille dangers ! La banqueroute que m'a faite Maradan, l'interrompit dès le deuxième volume. Je fus ensuite la victime de deux associations ruineuses, et d'achats de caractères. Pressé de commencer *les Ressorts du Cœur-humain dévoilés*, je mis aux premières Époques de cet ouvrage des fonds qui auraient avancé *l'Année des Dames nationales*, que je ne voudrais nommer que le *Kalendriér des Citoyénnes*, le nom de *dames* ne convenant plus ; mais l'ouvrage était entièrement écrit avant la Révoluçion, puisque la dernière Nouvelle, inscrite sous le porche de la rue Bretonvilliérs, ile de la Fraternité, est du 7 juillet 1789. L'impression a duré six années entières, fin de 89, 90, 91, 92, 93 ét commencement de 1794 ; ét les frais s'en montent à près de 30-mille livres, par la grande cherté du papier. »

Cette collection est peut-être plus inouïe que *les Contemporaines* par la variété et l'originalité des sujets. Rétif y a replacé les historiettes du *Monument du Costume* ; elles forment les quatre ou six premières nouvelles des premiers six mois de l'année.

Il y a un assez grand nombre d'exemplaires qui portent cet autre titre cartonné par dessus l'ancien : « Les Provinciales : ou Histoires des filles et femmes des Provinces de France, dont les Aventures sont propres à fournir des sujets dramatiques de tous les genres. Épigraphe : *Nulla diù Fœmina pondus habet.* Propert. A Paris, chéz J. B. Garnery, Libraire, rue Serpente, n° 17. »

N° 38. — LE DRAME DE LA VIE. 5 volumes in-12.

Titre du premier volume :

« Lecteur ! liséz le plus intéressant des ouvrages, sans craindre le scandale ! » LE DRAME DE LA VIE ; contenant un homme tout-entier. Pièce en 13 actes des Ombres, et en 10 pièces régulières. Première partie. Epigraphe : *Vita data est utenda.* Imprimé, à la maison ; chés la v. Duchêne et Mérigot jeune, Louis, libraires, rue St Séverin. 1793.

Ce premier volume contient un grand portrait de Rétif, qui est celui que nous reproduisons. On lit au bas : « — Nic. Ed. Restif, Fils-Edme. Né le 22 9bre 1734 à Saci en Basse Bourgogne. 1785. *L. Binet delineavit. L. Berthet incis dicavit.*

« Son esprit libre et fier, sans guide, sans modele,
Même alors qu'il s'égare étonne ses rivaux ;
Amant de la nature, il lui dut ses pinceaux
Et fut simple, inégal et sublime comme elle.

« A Paris chez l'Auteur Rue St-Jacques vis-à-vis celle du Platre Mon de l'Epicier. Et chez

Regnault Libraire Rue St-Jacques vis-à-vis celle du Platre (1). »

Sur les titres des quatre volumes suivants, la ligne indicative : « Lecteur, lisez le plus intéressant, etc. » a disparu. Les noms des libraires sont remplacés par : « *Et se trouve chez les libraires nommés.* »

La pagination est la même pour les cinq volumes, qui font un total de 1288 pages. Le dernier est terminé par un recueil de pièces de vers indécentes, et par une correspondance assez volumineuse de Grimod de la Reynière.

N° 39. — « THEATRE de N.-E.-Rest. Bret. contenant :

I. *La Cigale ét la Fourmi*, fable dramatique.

---

(1) Rétif de la Bretonne est représenté à l'âge de cinquante-un ans, dans toute la force d'un athlète. Ses yeux sont éclatants et vifs; ses lèvres sont sensuelles, et, comme il le disait lui-même, *appétissantes*; son nez est aquilin. Il y a dans cette tête du Bourbon et du laboureur. — Ses cheveux sont enveloppés dans une bourse ; il est couvert de son manteau.

Quelques exemplaires de ce portrait ont été tirés à part, sur grand papier. Ils ont passé dans la famille.

II. *Le Jugement de Pâris*, comedie.-ballet.
III. *La Prévencion-nacionale*, dr. 5 act.
IV. *La Fille-naturelle*, drame en 5 actes.
V. *Les Fautes sont personélles*, dr. en 5 act.
VI. *Sa Mère l'alaita*, comedie en 3 actes.
VII. *Le Loup dans la Bergerie*, opera-com.
VIII. *La Matinée du Père-de-famille.* bagat.
IX. *Bouledogue, ou le Congé*, bagatelle.
X. *Epiménide, grec*, drame en 3 actes.
XI. *Le Nouvel-Epimenide*, com. en 5 act.
XII. *Le Père-Valet*, drame en 3 actes.
XIII. *L'Epouse Comédiéne*, com.-ariet. 3 a.
XIV. *L'An-2000*, comédie-héroïq. 3 actes.
XV. *Le Libertin-fixé*, pièce en 5 actes.
XVI, *L'Amour-Muet*, comédie en 5 actes.
VII. *Edmond, ou les Tombeaux*, tragédie.
Plus X Pièces dans le Drame de la vie, qui va paraître., ét. XIII Actes d'Ombres-Chinoises. 40 p. A Paris, Chés la Dame Veuve-Duchêne, ruë Saintjaques, ét M. Merigot, jeune, quai des Augustins-rue-Pavée. 1793. » — 5 vol. in-12.

En outre de ce titre général, il y a un titre pour chaque volume.

Titre du premier volume — « Theatre de N. E. Restif-de-la-Bretone (sans tomaison). 1770-1786. ».

Ce volume contient : *la Prévention nationale,* sans les variantes ; *la Fille naturelle, la Cigale et la Fourmi* et *le Jugement de Pâris.*

Titre du second volume. — « Theatre de N.-E.-Restif-de-la-Bretone. Tome second. I. *Les Fautes sont personnelles* : drame en Cinq Actes. Épigraphe : *Si qua fides Miseris, hoc me per Numina jure Non meruisse ne fas ; patior sine crimine pœnam. Métamor.* L. IX, fab. X, VV. 45-46. A Neufchâtel, Et se trouve à Paris, Chés l'Auteur, rue des Bernardins, N° 10. 1786-1787. » — 307 pages.

Ce volume contient en outre : *Sa Mère l'allaita, la Marchande de Modes ou le Loup dans la Bergerie, la Matinée du père de famille* et *Epiménide.*

Titre du troisième volume. — « Theatre de N.-E.-Restif-de-la-Bretone. Contenant *la Sage-Journée , ou le Nouvel-Epimenide : le Pere-Valet, ou l'Epoue aimée dans Fils* (sic) : *l'Epouse-Comedienne : le Congé, ou le Bouledogue : Sa Mère l'alaita,* telle qu'on la joue. (Les pièces qui composent les 2 premiers Volumes, se trouvent dans *la Prevention-Nationale, les Françaises, les Parisiennes, les Nuits* ét *Ingenue-Saxancour* : Il y a des complets. A Neufchatel. 1789. »

La Sage Journée va jusqu'à la page 232 (chiffrée par erreur 238). *Le Père-Valet* recommence la pagination. *Le Boule-dogue* finit à la page 200.

Titre du quatrième volume. — « Theatre de N.-E.-Restif-de-la-Bretone. Contenant *la Sage-Journée, ou le Nouvel-Epimenide : le Perc-Valet, ou l'Epouse aimée dans son Fils : le Congé ou Bouledogue : Sa Mère l'alaita,* telle qu'on la joue : *l'Epouse-Comedienne : l'An-2000, ou la Regeneration.* (Les pièces qui composent les 2 premiers Volumes, se trouvent dans *la Prévention Nationale, les Françaises, les Parisiennes, les Nuits,* ét *Ingenue-Saxancour :* Il y a des complets. Suite du Volume precedent. A Neufchatel. 1790. » — 56 pages seulement.

Titre du cinquième volume. — « Theatre de N.-E.-Restif-de-la-Bretone. Tome III, ou V. Contenant *le Libertin-fixé. L'Amour-Muet, ou le Pretendu prevoyant. Les Tombeaux, ou Edmond-repentant.* (Les pièces qui composent les 2 premiers Volumes, se trouvent dans *la Prévention nationale, les Françaises, les Parisiennes, les Nuits* et *Ingenue Saxancour.* Il y a des complets.) Les persones qui ont les precedens Ouvrages, peuvent ne prendre que 3 volumes, le précédent, le present ét le suivant. A Neufchatel. 1790. » — 221 pages. A la dernière page, on lit : *Fin du Théatre.*

Il faut convenir que Rétif n'a pas le génie de la classification. Il est vrai que l'époque à laquelle il imprimait lui-même son Théâtre était peu faite pour ramener la clarté dans son esprit, et qu'il avait le droit d'écrire comme il le fait au verso de son titre général : « Je suis le seul qui m'occupe de littérature dans ces temps de trouble. »

N° 40. — MONSIEUR NICOLAS. 16 volumes in-12. — 1794-1797.

Premier volume. — *Monsieur Nicolas; ou le Cœur humain dévoilé.* Publié par lui-même. Epigraphe : « *'Eên 'ékástos mandáken komizai.* Suam quisque pellem portat. » Avec figures. (1). Tome premier, première partie. Fleuron : une couronne. Imprimé à la maison ; Et se trouve à Paris chés le libraire indiqué au Frontispice de la Dernière Partie. 1794.

---

(1) Nous avons dit que ces gravures n'avaient jamais été faites.

Le titre est le même pour les 2ᵉ, 3ᵉ, 4ᵉ, 5ᵉ, 6ᵉ, 7ᵉ, 8ᵉ et 9ᵉ volumes ; sauf le fleuron qui se transforme en fleur, en barre ornée ou en traits insignifiants.

A partir du dixième volume, voici les variations que subissent les titres.

Dixième volume. — *Monsieur Nicolas*, etc. (comme ci-dessus ; et même épigraphe). Tome Cᵐᵉ Dᵐᵉ partie. Fleuron : une médaille emblématique, renfermant un coq qui chante au soleil levant. Imprimé à la maison ; et se trouve à Paris, chés Nicolas-Boneville, rue du Théâtre-français, à l'Arbre de la Liberté. 1796.

Onzième volume. — *Monsieur Nicolas*, etc. — Tome sixᵐᵉ onzᵐᵉ Partie. Fleuron : des traits, des feuilles. Imprimé à la maison ; et se trouve à Paris chés la veuve Marion-R., rue du-Fouarre, nº 16, à l'entresol. 1797.

Douzième volume. — *Monsieur Nicolas*, etc. — Tome sixᵐᵉ douzᵐᵉ Partie. Contenant l'histoire de Sara. Fleuron : des fleurs ; au dessous, un paraphe autographe illisible. Imprimé à la maison ; et se trouve à Paris. Chés la veuve Marion-R., rue du Fouarre, nº 16, à l'entresol. 1797.

Treizième volume. — *Monsieur Nico-*

las, etc.—Tom. sept. Treiz. Partie. Si, quand j'eus toutes ces avantures dont je rougis, j'avais été républiquain, je ne les aurais pas eues, et j'eusse été vertueux. Fleuron : un K majuscule encadré. Imprimé à la maison ; et se trouve à Paris, et chés tous les Libraires de l'Europe ; car cet ouvrage est pour toute la Terre. 1797.

Ce volume contient : *Mon Kalendrier*. « C'est, dit Rétif, la liste historique et journalière des *commémoracions* que je fais des fêmes que j'ai connues. »

Quatorzième volume. — *Monsieur Nicolas*, etc. — Tom. sept. Quatorzième-dix-septième Partie. Ma Morale est celle de la Nature, éclairée par la Raison, qui repousse le Préjugé. Fleuron : Trois M majuscules superposés. Imprimé à la maison ; et se trouve à Paris, et chés tous les Libraires de l'Europe ; car cet ouvrage est pour toute la Terre. 1797.

Quinzième volume. — *Monsieur Nicolas*, etc. — Tom. Huit. Quinzième-dix-huitième Partie. Ma politique est principalement l'Histoire de ce qui vient d'arriver parmi Nous, pendant la révolution. Fleuron : un grand P, surmontant des traits ornés. Imprimé à la maison ; et se trouve à Paris, ou chés tous les Libraires de l'Europe ; car cet ouvrage est pour toute la Terre. 1797.

Nous avons dit combien ce volume est curieux par les conversations avec Mirabeau, qu'il contient.

Seizième volume. — *Monsieur Nicolas*, etc. — Tom. Huit. Seizième-dix-neuvième Partie.

Son esprit libre et fier, sans guide, sans modèle,
Même alors qu'il s'égard étone ses Rivaux :
Amant de la Nature, il lui dut ses pinceaux,
Et fut simple, inégal et sublime comme elle.

MARANDON, avocat à Bordeaux.

Fleuron : un grand O orné, surmontant une rose environnée de quelques traits. Imprimé à la maison ; et se trouve à Paris, chés la Veuve Marion-Restif, rue de-la-Bucherie, n° 27. 1797.

Pagination suivie. Total : 4840 pages.

De tous les ouvrages de Rétif de la Bretonne, **Monsieur Nicolas** est sans contredit le plus extraordinaire. D'ailleurs, il les résume tous. Dans le genre-roman, je n'hésite pas à placer presque au même rang et à considérer comme trois productions phénoménales : les *Confessions* de Jean-Jacques Rousseau, *Monsieur Nicolas* et les *Mémoires* de Casanova. On sent bien que les questions de morale sont ici réservées.

N° 41. — PHILOSOPHIE DE MONSIEUR NICOLAS. Par l'auteur du *Cœur Humain dévoilé*. A Paris, de l'imprimerie du Cercle Social. 1796. L'an V de la République Française. — Trois parties, 3 vol. in-12. Orthographe régulière.

Le *Magasin encyclopédique*, ou Journal des sciences, des lettres et des arts, rédigé par A. L. Millin, a consacré un article très-acerbe (seconde année, tome 3, l'an 4 (1796) à la *Philosophie de Monsieur Nicolas*. On y mentionne une affiche par laquelle Rétif ou son éditeur annonçait dans les rues cet ouvrage, ainsi que le *Monsieur Nicolas*. Voici les passages principaux de cette affiche :

« L'auteur du *Cœur humain dévoilé* est le fils d'un pauvre paysan de Sacy. Cet homme, vraiment né observateur, n'avait reçu aucune autre éducation que celle d'une imagination ardente. Dans sa première jeunesse, le voilà apprentif imprimeur, compagnon imprimeur, et toujours errant d'imprimeries en imprimeries. A trente-deux ans, trahi, persécuté, condamné au travail le plus rude, le plus continuel, abreuvé d'opprobres, mis sans cesse au-dessous des plus méprisables des hommes, réduit longtemps à manquer du nécessaire, tremblant pour sa liberté, craignant pour sa vie, ne trouvant d'autre espoir d'échapper au crime que dans la vue d'une destruction prochaine ; cet horrible tableau, qui n'est point exagéré, le jette dans le désespoir. Vive le désespoir qui réveille les nations et les grands hommes !

« Déjà père de vingt-quatre enfants, et prenant la plume pour la première fois à trente deux ans, N. Restif écrit un roman pour triompher de la misère et du crime : il donne *le Paysan perverti*. Les cent-quarante volumes qu'il a donnés depuis, quel que soit leur succès, ne l'ont point ébloui, etc., etc. »

Cette affiche se termine par ces mots : « N. Restif a été sans doute oublié dans la première formation de l'Institut national : on avait bien oublié l'article *Paris* dans l'*Encyclopédie*. »

Rien ne prouve que cette affiche ait été rédigée par Rétif lui-même ; je crois qu'elle émane plutôt de son ami Nicolas Bonneville, éditeur de *la Philosophie* et fondateur du Cercle Social.

Rétif de la Bretonne fut très-blessé des railleries du *Magasin encyclopédique*, et il a souvent depuis laissé éclater sa rancune contre A. L. Millin qu'il désigne d'habitude sous ce nom : *Ane-Licol Malin*.

N° 42. — L'ANTI-JUSTINE, ou les délices de l'amour. Par M. Linguet, av. au et en Parlem. Epigraphe : *Casta placent superis. — Manibus puris sumite (cunnos).* Avec soixante figures. Fleuron : une tête de faune couronnée de feuilles et de raisins. (Ce fleuron est le même que celui de la *Thèse de Médecine soutenue en enfer.*) Au Palais-Roial; chez feue la veuve Girouard, très-connue. 1798. Deux parties; format in-12. (Les pages de l'exemplaire qu'il m'a été donné de voir avaient été recollées sur grand in-octavo).

La première partie va jusqu'à la page 204; la seconde commence à la page 207; mais elle s'arrête subitement à la page 252. — — Les deux feuilles d'épreuve reliées à la suite comprennent des variantes de la première partie.

Deux dessins (obscènes) à l'encre de Chine portant les n°s 15 et 21; et une gravure (décente) entièrement terminée.

Dans sa notice, Cubières annonce que Rétif de la Bretonne avait fait une *Anti-Justine*, mais que son intention était de ne la point imprimer et de la supprimer. Cubières s'est trompé. Cet ouvrage, ou du moins partie de cet ouvrage a été imprimée, car j'ai eu entre les mains l'exemplaire dont je viens de transcrire le titre, exemplaire peut-être unique, et d'autant plus curieux qu'il contient des dessins originaux et deux feuilles en épreuves corrigées de la main même de Rétif.

L'Avertissement, très-singulier, renferme des passages tels que ceux-ci : « Quelle excuse peut se donner à lui-même l'homme qui publie un ouvrage tel que celui qu'on va lire ? J'en ai cent pour une. Un auteur doit avoir pour but le bonheur de ses lecteurs. Il n'est rien qui contribue autant au bonheur qu'une lecture agréable. Fontenelle disait : « Il n'est point de chagrin qui tienne contre une heure de lecture. » Or, de toutes les lectures la plus entraînante est celle des ouvrages érotiques..... Personne n'a été plus indigné que moi des ouvrages de l'infâme de Sades que je lis dans ma prison (ne pas oublier que c'est Linguet qui parle; étrange manie que celle d'attribuer ses ouvrages, et quels ouvrages ! aux célèbres personnages morts !). Ce scélérat ne présente les délices de l'amour qu'accompagnés de tourmens, de la mort même. Mon but est de faire un livre plus savoureux que les siens, et que les épouses pourront faire lire à leurs maris ; un livre où les sens parleront au cœur, où le libertinage n'ait rien de cruel pour le sexe des Grâces, où l'amour ramené à la nature, exempt de scrupules et de préjugés, ne présente que des images riantes et voluptueuses. » Quelques lignes plus loin, est cette déclaration surprenante du supposé Linguet : « MAUVAIS LIVRE FAIT DANS de bonnes vues. Moi, Jean-Pierre Linguet, maintenant détenu à la Conciergerie, déclare que je n'ai composé cet ouvrage que dans des vues utiles, etc. Floréal, an 2. » Remarquons en passant que Linguet ne s'appelait ni Jean ni Pierre, mais bien Simon-Nicolas-Henri.

Rétif a composé sans doute l'*Anti-Justine* à la *casse,* dans le silence de sa pauvre petite imprimerie. Quoi qu'il en dise, c'est une éruption de désirs odieux, où l'on trouve cyniquement dramatisés des épisodes de sa propre vie, obscènes suppléments de *Monsieur Nicolas.* Espérons pour l'honneur de sa mémoire, que Rétif a rêvé la plupart des aventures où il se montre comme le héros ; c'est assez du reste son habitude, comme nous l'avons dit, de suppléer par l'imagination à la réalité. Mais n'allons pas plus loin : il est impossible de citer quatre lignes de ce livre. J'ai été pourtant heureux de trouver à la fin de la première partie ces mots qui trahissent les inquiétudes de cet écrivain si monstrueusement naïf : « J'ai long-tems hésité si je publierais cet ouvrage posthume du trop fameux avocat Linguet. Tout considéré : le casement déjà commencé, j'ai résolu de ne tirer que quelques exemplaires, pour mettre deux ou trois amis éclairés et autant de femmes d'esprit à portée de juger sainement de son effet, et s'il ne fera pas autant de mal que l'œuvre infernale à laquelle on veut le faire servir de contre-poison. Jugez-le, mes amis, et craignez de m'induire en erreur. »

On ne doit pas trop tenir compte à Rétif de cette production trouvée chez lui en paquets et destinée à demeurer enfouie dans le cabinet d'un collectionneur. Je n'en ai parlé que parce qu'il faut qu'un biographe parle de tout.

N° 43. — LES POSTHUMES; LETTRES REÇUES APRÈS LA MORT DU MARI, PAR SA FEMME, QUI LE CROIT A FLORENCE Par feù Cazotte. Epigraphe : *Lhetum non omnia finit. Propert.* Imprimé à Paris, à la maison; se vend chés Duchêne, libraire, rue des Grands-Augustins. 1802. — 4 vol. in-12 ; avec une gravure au commencement de chacun d'eux (celle du quatrième volume est assez nue).

Cet ouvrage se termine par une série d'une invention étrange : *les Revies, histoires de M. Nicolas refaites sous une autre hypothèse.* Selon Rétif, pour que l'homme pût être heureux, il lui faudrait deux vies connexes et sans intervalle : *revivre* serait sa véritable vie, et son expérience rectifierait alors les mêmes circonstances par lesquelles il repasserait avec les mêmes personnes. D'après ce point de départ, Rétif recommence quelques-unes de ses aventures, et leur donne un dénoûment à son gré. — Je ne crois pas que la personnalité puisse être poussée plus loin que cela.

Ces *Revies* sont pour la plupart d'un genre graveleux.

N° 44. — LES NOUVELLES CONTEMPORAINES, OU HISTOIRE DE QUELQUES FEMMES DU JOUR. — Paris, 1802; Société typographique de la rue du Petit-hurleur. — 2 vol. in-12; avec un petit portrait de Rétif de la Bretonne; réduction du grand portrait.

Orthographe régulière. Histoires libres, choisies dans les œuvres de Rétif.

N° 45. — HISTOIRE DES COMPAGNES DE MARIA, OU EPISODES DE LA VIE D'UNE JOLIE FEMME; ouvrage posthume de Restif de la Bretonne. A Paris, chez Guillaume, imprimeur-libraire, Place Saint-Germain l'Auxerrois, n° 41. — 1811. 3 vol. in-12.

Voici l'attestation qui se trouve imprimée derrière le faux titre : « Nous soussignés, fille et gendre de feu Nicolas-Edme Restif de la Bretonne, déclarons que le présent ouvrage ayant pour titre : Histoire des *Compagnes de Maria, ou Episodes de la vie d'une jolie femme*, etc., a été composé par Nicolas-Edme Restif de la Bretonne, notre père et beau-père, et qu'il a été imprimé sur ses manuscrits autographes. MARIE-

Anne Restif. — Louis-Claude-Victor Vignon. »

Malgré cette attestation, nous avons tout lieu de croire que les *Episodes de la vie d'une jolie Femme* ont été, pour la plupart, choisis dans *l'Année des Dames nationales*, ainsi que cela avait été déjà pratiqué pour les *Nouvelles Contemporaines*.

N° 46. — LES DANGERS DE LA SÉDUCTION, ou les faux pas de la beauté; par M. R. de la B. Paris, chez les marchands de nouveautés. 1846. — 1 vol. in-18.

les roses et les épines du mariage; par M. R. de la B. Paris, chez les marchands de nouveautés. 1847. — 1 vol. in-18.

la belle cauchoise *ou les Aventures d'une Paysanne pervertie;* par M. R. de la B. Paris, 1847. — 1 vol. in-18.

haine aux hommes, *ou les Dangers de la Séduction;* par M. R. de la B., etc., etc.

Spéculations des colporteurs, qui ont fait copier et défigurer par leurs commis quelques nouvelles de Rétif, pour en composer ces petits livres, grossièrement imprimés et illustrés avec des images d'almanachs. La même historiette est souvent reproduite par eux sous trois ou quatre titres différens. Mais notre investigation ne descendra pas plus avant dans ces bourbiers de la librairie.

Nous avons organisé ce chaos, et porté de notre mieux la lumière dans les œuvres de Rétif de la Bretonne ; de tous les livres que nous venons d'énumérer, il n'en est aucun qui ne nous ait passé par les mains. Il nous reste à fournir quelques explications et à relever quelques erreurs dans les dictionnaires bibliographiques.

Cubières cite, dans sa Notice, au nombre des ouvrages de Rétif : « un Almanach des Modes et quelques *Pamphlets contre l'abbé Maury*, 3 volumes » dont nous n'avons jamais pu découvrir la trace.

Ersch, dans sa *France littéraire*, lui attribue également ces deux ouvrages :

Tableau des Mœurs d'un siècle philosophique, ou Histoire de Justine de Saint-Val. Manheim et Paris, 1787. — 2 vol. in-12.

Les *Soirées de Vaucluse* ; par M. D. L. B. Paris ; Buisson, 1789. — 3 vol. in-12.

Pigoreau, dans sa *Petite Bibliographie romancière*, et M. Quérard, dans *la France littéraire*, ont répété l'erreur d'Ersch au sujet du *Tableau des Mœurs*, qui est de Leroy de Lozembrune.

Les *Soirées de Vaucluse* ont pour auteur Regnauld de la Grelaye.

TOTAL DES ŒUVRES COMPLÈTES DE RÉTIF DE LA BRETONNE :

49 OUVRAGES ; 203 VOLUMES.

---

§ XI.

APPENDICE AU CATALOGUE.

I. — Ouvrages de M. Victor Vignon, dit le petit-fils de Rétif de la Bretonne.

1° — LA FILLE DE LA FILLE D'HONNEUR ; 2 vol. avec fig. chez Locard et Davi, pont St.-Michel. — 1819.

2° — LE PARIA FRANÇAIS *ou le Manuscrit révélateur*; 3 vol. Chez Hubert, Palais-Royal. — 1821.

3° — UN LYS SORTANT DU SEIN D'UNE ROSE, poëme ; 11. N. Pichard, quai Conti. 1821.

4° — PAUL ET TOINON ; 2 vol. avec fig. Mme de Fresne, rue de la Harpe. — 1823.

5° — DU NOUVEAU GENRE INTRODUIT DANS LA LITTÉRATURE PAR M. LE Vte D'ARLINCOURT ; article de longue haleine, publié dans un des cahiers des *Annales françaises de la Littérature et des Arts,* chez Mondor, lib., Boulevart du Temple. — 1821.

6° — COLIN GAUTIER, ou le Nouveau Paysan perverti ; 3 vol. avec fig. Locard et Davi. — 1824.

7° — OG ; un vol. (anonyme), Locard et Hubert. — 1824.

8° — LES NOUVELLES NUITS DE PARIS, ou le Petit Spectateur nocturne ; série d'articles de mœurs, publiée dans le *Panorama littéraire,* dirigé par Gouriet et B. S^t.-Edme. — 1824 et 1825.

9° — LETTRE, écrite des Champs-Élysées,

par Charles X, roi de Suède, a Charles X, roi de France, sur les Noirs, les Grecs et les Turcs; traduite en vers français, avec cette épigraphe : *Miseris succurrere disco.* Imprimée chez la Ve. Scherff, passage du Caire. — 1825.

10° — PLUSIEURS ARTICLES dans le Journal quotidien, intitulé : *le Feuilleton littéraire.* — 1824.

II. — Ouvrages de M. L. Rétif de la Bretonne.

1° LE CHRONIQUEUR POPULAIRE ; épisodes de l'armée d'Italie. Vaugirard, Delacour, libraire-éditeur, rue de Sèvres, 94. 1845. — Un fort volume in-8°.

2° LE BARDE DE LA GRANDE FAMILLE. Paris, A. René et Cie, imprimeurs-éditeurs, rue de Seine, 32. 1847. — Une brochure in-18.

3° ÉPITRE *sur les causes de la situation morale et matérielle de la Maçonnerie française.* Dédiée au prince Lucien-Murat, grand-maître de l'Ordre Maçonnique en France. Paris, typographie du F∴ Alexandre Lebon, imprimeur du grand-Orient de France, rue des Noyers, 8. 1852. — Une brochure in-12.

---

§ XII.

EXTRAIT DE *l'Année des Dames Nationales.*

Arrivé au bout de notre tâche, nous avons pensé que le lecteur ne serait pas fâché de trouver ici un specimen étendu de l'orthographe de Rétif de la Bretonne, en même temps qu'une idée de l'importance (plus ou moins grande) des renseignements historiques qu'il sème dans presque tous ses ouvrages. En conséquence, nous avons choisi les petites biographies suivantes qui terminent le douzième volume de *l'Année des Dames Nationales.*

MARIE-ANTOINETTE. — Elle a toujours été furieuse contre le Peuple de Paris, depuis la Révolucion. Un jour, la Femme du Libraire *Esprit*, au bas de l'Escaliér du *Palais-Royal*, la consideriat à la tribune de la chapelle des Tuileries, sans la reconaître.—Mondieu! que voila une Femme qui a l'air mechante—! Elle fut curieuse de la connaître : Elle s'informa.—C'est la Reine.—La Reine! O mondieu! qu'elle est changée! Je l'ai prise pour une Furie.—Cela ne m'etone pas! (dit un Homme) : c'est ce qu'elle est devenue—.

LA GENLIS. — Elle fut longtemps, come on sait, reduite à aler chanter à des tables de Financiér, entr'autres à celle de *La-Reynière*, où on lui donait à dîner, et 12 francs. Elle fut épousée par Genlis, ci-devant *Comte pour rire* : elle entra ensuite dans la maison du Duc de Chartres; qui, devenu Duc d'Orleans, la fit *Instituteur* de ses Enfans, Garsons et Filles. On voit le mauvais-jugement de l'Aîné des Elèves, par son attachement à Dumouriéz, devenu traître; par ses amourettes avec la *Pamela*, petite Complaisante formée par la Genlis, pour éteindre les 1^{rs} feux du temperament dans le jeune De-Chartres et ses Frères. La Genlis, pour justifier le choix que d'Orleans, depuis *Égalité*, venait de faire d'elle, pour être l'Instituteur de ses Enfans, devint Auteur. Elle fit un Roman, *Adèle et Theodore* (*Pamela et Chartres*): Mais come elle n'avait pas le talent d'écrire, elle choisit *Laharpe* pour son Teinturiér : Elle fit les *Veillées du Château* avec le Même : puis des *Comedies* de *Filles* : Puis un Ouvrage, où elle crache au nez de son Teinturiér, dont elle n'avait plus que faire; elle se croyait grand-Homme. Le Teinturiér, malgré son âcreté, ne put se venger de l'ingratitude de la *Genlis*, qui venait de rendre à D'Orleans un service essenciel, en lui donnant pour Maîtresse-concubine, la Brü à *Buffon-grand-homme*, femme de *Buffon-gros-homme* (guillotiné depuis la *casacion* de cette feuille). Ce service-là doubla son crédit, et qui l'eût attaquée, l'aurait payé chër!....Ce qui n'empêcha pas que D'Orleans ne rossât, quelques jours après, la *Buffon-belle-femme*, à *Saintmandé* près Vincénnes, où ils s'étaient grisés ensemble. On dit que *Buffon grand home* en est mort de chagrin. Elle est à-present en Suisse, avec la Fille *Égalité*, *Égalité-Chartres et Laclos*.

L'execucion de Genlis-Silleri son Mari, ne lui permettra pas sans doute, de revenir dans la Republique.

LA TEROUEIGNE.—Cette Femme, assés jolie, avait été donnée à un Ci-devant, qui la jugea digne d'être trompée par un faux mariage. Il y aurait de quoi faire une belle histoire, de ses Aventures : mais on en trouvera 10 pareilles, dans notre immense *Colleccion*. Elle eût de son faux mariage, une petite Terre, qui lui produisit un petit revenu. Cette Terre est située du côté des *Ardénnes*. Elle vint à Paris en 1790 ou 1791, et se jeta dans la Revolucion, à corps perdu : On ne voyait qu'elle aux tribunes de l'Assemblée legislative et des Jacobins. Elle fut ensuite embrâsée du desir de la *propagande* : Elle se rendit dans la *Belgique* ; elle y fut arrêtée, conduite à Viénne en Autriche, entendue, et jugée folle : On la meprisa, la regardant come plûs capable de faire du tort au parti qu'elle soutenait, que de le servir. Elle fut relâchée. Elle revint dans la Belgique, conquise par Dumouriéz, dont elle fit son Heros. Il ne s'en soucia pas apparemment, quoiqu'elle fût jolie : Teroueigne revint à Paris : Elle fut assidue aux Jacobins : Elle voulait faire un rôle. Ce fut elle qui se mit à la tête des Heroïnes, qui prétendaient obliger les Femmes de la Hâlle à porter la Cocarde : Celles-ci, qui ne voulaient pas être contraintes par d'autres Femmes, fouettérent, dans Sainteustache, l'Heroïne Teroueigne. Ce fut la fin de sa brillante carrière : Soit que la flagellacion ait été trop violente, et qu'elle en soit restée disloquée ; soit que la honte ait été insurmontable ; elle a disparu, depuis ce moment, de la scène du monde, et l'on ne parle plus d'elle ; si ce n'est pour dire, qu'elle était fille d'un Cabaretiér de la *Thierache*.

LA RIVAROLE. — Tout le monde a connu le fameux Comte *de Rivarole* (sic), auteur de differens Ouvrages, entr'autres du ***Petit Almanach des Grands-Hommes*** : ce Rivarole était un des Amis du celèbre Medecin ***De-Préval***; chéz qui nous l'avons connu, ainsi que ses deux sœurs. Ces ***Filles*** sont beaucoup moins celèbres, que leur Frère ; la Cadette surtout, qui n'a fait qu'apparaître à Paris. Quant à l'Aînée, elle a eu quelque reputacion, par ***Dumouriéz***, dont elle a été la sultane favorite, dans le temps de sa grande gloire. Nous aurions ici encore bien des choses à dire de ce ***Dumouriéz***, mais nous les reservons pour une autre circonstance. La ***Rivarole*** aînée était belle : On la disait fille d'un M^d-de-vin de ***Montauban*** : La verité est, que Rivarole-père était Gentilhome, quand il y en avait : qu'il fit mal ses affaires ; que tombé dans la misère, aulieu d'avoir la faiblesse de se brûler la cervelle d'un coup de pistolet, il eut la force de prendre sa dernière possession, qui était une hôtellerie à Bagnères, de s'y établir lui-meme hôtellier, et d'y élever ses 4 Enfans, 2 Garsons et 2 Filles. Ce sont les deux Aînés, le fameux Comte, aîné de tous, et l'Aînée des Filles, qui ont joué un rôle : Nous avons connu le Comte et les deux Filles chéz le d^r De-Préval, qui venait de guerir l'Aînée. Ce ne fut que plûs d'un an après le traitement, qu'elle appartint à Dumouriéz ministre. Il la mena ensuite avec lui à la guerre. Ce qu'il y a de singulier, c'est que Rivarole l'aîné étant Aristocrate enragé, et fesant un journal aristocratiq, il ne s'opposât pas à l'entretènement de sa Sœur, par un Democrate : Aucontraire, quand elle le fit consulter, il lui repondit : « *Si vous aléz à la celebrité par cet Amant, qu'importe ce qu'il vous soit : La gloire est tout ; le reste n'est rién ; surtout si l'argent accompagne la celebrité.* On ne sait ce qu'est devenue la Rivarole. Le Frère-cadet avait été arrêté pour l'Aîné : on l'a dit mis en liberté. La Cadette est retournée dans son pàys, dès avant la Revolucion. L'Aînée est-elle avec Dumouriéz ? ou Celui-ci a-t-il épousé la *Pamela*, Elève *experimenticielle* de la Genlis ?

La Momoro.—C'est avec peine que nous parlons de la Moitié d'un Etre aussi méprisable, que ce bas Intrigant. Momoro descendait d'un Commissionnaire de Bezançon, originaire du Village de *Momoro* en Franchecomté, et qui avait oublié son nom-de-famille. Cet Home portait du papiér pour un Imprimeur de Bezançon, qui àyant trouvé quelques disposicions au jeune Momoro, le prit en apprentissage. Ce n'était pas changer de condicion ; car un pauvre Aprentis-imprimeur est le derniér des Valets, tant pour les Ouvriérs, naturellement despotes, que pour les Domestiqs de l'Imprimeur. Quand Momoro eút fini son temps, il vint à Paris, où il fut prote. Car plûs un Etre viént de bas-lieu, plûs il a d'énergie. Il fut renvoyé de sa place de prote : Mais aulieu de se laisser abatre, il se fit recevoir libraire, avec la dot de sa Femme, fille-de-modes en chambre. La Revolucion étant venue, Momoro, qui n'avait rién à perdre, fut le 1ᵉʳ à lever une imprimerie, pour se venger du XXXVI qui l'avait éliminé de chéz lui. Mad. Momoro n'était pas d'une grande severité ; nous avons connu un Sacripand asses joli de figure, que le Mari renvoya, parceque Madame s'humanisait trop avec lui. Aussi était elle souvent rossée, et elle avait un tiërs de l'année les ïeux au beurre-noir, des coups-de-poing de son digne Époux.

Sa conduite, et sa figure jaune, occasionée par ses galanteries, n'empêchèrent pas, qu'elle ne fût *Deesse de la Raison*, à une fête donnée au Temple d'*André-des-Arts*, environ un mois avant l'execucion de son Epoux. Elle fut arrêtée la veille. Le jour-même de l'execucion, elle fut transférée sur les 8 heures à l'Hôpital. Elle alait souper avec 2 œufs frais, qu'on ne lui laissa pas manger. Un des Conducteurs, qui aparemment ne l'aimait pas, lui dit : — Alons, g...., point de retard —. Elle est dans cette maison, jusqu'à ce qu'on statue definitivement sur son sort. Mais il paraît qu'elle n'a pas été regardée comme aussi coupable que la Femme-Hébert.

La Femme-Hebert.—Tout ce que nous savons de cette Conspiratrice, c'est qu'elle était exreligieuse, et qu'elle participait aux complots de son Mari, ce sale Journaliste, qui avait pris le vocabulaire des Charretiérs et des Hâlles. Il était parvenu, par ce moyen, non-seulement à se passer de merite, mais même de sens-commun. On sait que le nom de *Père-Duchêne*, viént d'une pièce de *Nicolet*, dans laquelle un bas Marin est toujours prêt à jurer, devant une Marquise, dont il doit épouser la Femme-de-Chambre. Quelque mince que soit le merite d'avoir pris un pareil Patron, *Hébert* ne l'avait pas. C'était un Journaliste redolant l'aristocratie, qui l'avait choisi dabord : mais Hébert le trouva si heureux, qu'il fit effràyer le 1er Auteur, après 7 à 8 n^{os}. Ce pauvre Home s'enfuit, et le grand Hébert profita de ses depouilles…. Sa Femme était laide : Il paraît, que c'était par affectacion de patriotisme, qu'il avait épousé cette Religieuse. Tout ce qu'ont fait ces 2 Etres est affecté : Ils avaient ourdi une machinacion trop audessus de leurs forces. Cet Hébert, autrefois receveur de Billets de spectacle, se crut un grand Home, après le 31 Maì, et tout ce qui s'était ensuivi ; le pauvre Hère ne reflechissait pas, qu'il n'avait été là, que come la Mouche du coche. Il suffisait de lire ses vils N^{os}, pour voir combién sa tête était vide. Sa Femme voulut faire aussi quelques N^{os} de Mère-Duchêne ; mais ils ne reüssirent pas.

LA FEMME-DANTON — est une jeune Infortunée, qui a succedé à la Fille *Charpentier*, cette Brune du Café du *Parnasse*, qui fut connue de tout le Monde, et qui jamais ne quitait sa Mère, plûs heureuse d'être morte, à la veille de la grandeur de son Mari, que de l'avoir vu Garde-des-Sceaux !…. Il n'y avait pas 6 semaines que la Fille Charpentiér était dans la tombe, que son Mari rechercha Une de ses Amies, qui n'était ni fille ni de comediénne, ni petite ouvrière, mais une Jeune-persone dans une sorte d'aisance. Nous n'entrerons pas dans les détails de sa dot reconue par Danton ; il est mort. Mais cette 2ᵈᵉ Femme, mariée dans les plûs belles esperances, n'a vêcu qu'abreuvée de douleur. Elle vit les craintes, les transes de son Mari devenu coupable toujours cherchant à se rassurer, et toujours tremblant. Elle eût en outre des peines domestiques!.... Qui croirait, qu'épousée par inclinaçion, elle ait eú, pendant tout le temps de son mariage à luter contre quatre Maîtresses ou concubines, dont l'Une demeurait rue *des-Jeûneurs*, n° 26?.... Elle ne fut donc heureuse que le jour de ses noces. Et tel sera toujours le sort de toute Femme qui aura épousé un Homme vicieux, surtout un Home ambicieux, dans un temps de revolucion.....Son Mari ayant été condamné, la Femme Danton, en l'apprenant, tomba en faiblesse, et mal retablie encore de ses couches, elle eût une revolucion, qui devait infailliblement lui causer la mort. (Nous apprenons en ce moment, qu'elle est folle furieuse, et enchaînée sur une pierre à l'Hôpital.....)

LA JEUNE DUPLESSIS, FEMME DE CAMILLE-DESMOULINS. — Nous terminons ces *Hors-d'œuvres* par la plùs à-plaindre des Femmes qui ont payé de leur vie. La Jeune Duplessis n'était pas née dans le mariage. Mais le Cit. Duplessis, devenu amoureux et Mari de sa

Mère, l'avait deja adoptée. Camille-Desmoulins avait eú entrée dans cette Maison, come *Merciér*, *De-Langle,* et beaucoup d'Autres. Camille devint amoureux de la petite Duplessis, qu'elle n'était encore qu'une Enfant. Malheureusement le Cit. Duplessis était tombé dans un état d'insouciance, qui aprochait de l'imbecillité. Camille n'avait à gâgner qu'une Mère, encore jolie Femme, et qui avait eú l'éducacion la plùs comune. Il persecuta cette Mère pendant sept ans!.... pour obtenir d'elle, une des plùs jolies Persones de Paris, avec de la fortune. Nous avons vu la jeune et belle Duplessis aux Italiéns; nous étions a-côté d'elle, et nous fumes éblouïs de ses attraits. Camille étourdi jusqu'a la folie, surtout très-entêté, obtint enfin, à l'aide de Merciér, la main de la jeune Infortunée, qu'il devait conduire à l'échafaud avant l'âge de 23 ans!.... Car il est certain qu'avec tout autre Mari, la jeune Duplessis n'aurait jamais songé à recevoir, où à donner de l'argent, pour faire assassiner les Membres du Tribunal-revolucionaire.

On prétend qu'un Homme du plùs grand merite était devenu amoureux de la jeune et belle Duplessis : mais qu'il ne voulait pas avoir pour rival un Fou come Camille. Il avait, dans ses conaissances, un Vieillard de 90 ans, attaqué d'une maladie mortelle, qui ne pouvait lui permettre d'aler audelà d'un ou deux mois. Il ala le proposer pour gendre au Cit. Duplessis père-adoptant ; en lui fesant entendre, qu'il ne pouvait épouser sa Fille-adoptive ; mais qu'il pouvait épouser sans difficulté la Veuve d'un Home celèbre par son merite. Le Père adoptant goûta ces raisons, et proposa le mariage à sa Femme. Mais Celle-ci eût de la defiance : elle consulta un de ses Amis, qui malheureusement, l'était encore davantage de Camille. A cette nouvelle, Celui-ci entra en fureur : Il trouva moyén de parler à sa Maîtresse, et de lui persuader, qu'il s'ourdissait une trame, pour la livrer au plûs odieux, come au plûs degoutant des Vieillards. Il lui donna une fausse idée des ruses qu'on devait employer, et cette fausse idée avoisinait la verité. La jeune Duplessis se crut suffisamment prémunie par l'avertissement de son Amant; et lorsque sa Mère persuadée de la solidité des vues de l'Homme-de-Merite, voulut le lui proposer, avec le préalable convenu, la Jeune Persone audesespoir, se jeta aux genoux d'une Mère qui la cherissait, et lui declara, qu'elle préferait la mort, a l'execucion de vues trompeuses et perfides, qui d'ailleurs coûteraient la vie à son cher *Camille* !.... Cette Femme eut la faiblesse de ceder, et dans un moment d'effervescence, excité par le Fougueux *Desmoulins*, elle consentit. Le mariage fut celebré..... *Camille* ne tarda pas longtemps à être rassasié de sa belle Moitié : Il se jeta dans les grandes affaires; il eut de basses intrigues. Il cessa meme d'etre aimé. Mais lors de la conspiracion, dont les n^{os} du *Vieux-Cordeliér* étaient le soupirail, au moment où *Camille* était au Tribunal, un Fou vint proposer a la jeune Duplessis de sauver son Mari : Elle se crut obligée par honneur d'y travailler. Elle reçut de l'argent, et le distribua. *Arthur-Dillon* Proposa a l'Ex-envoyé Laflote d'entrer dans la conspiracion : celui-ci la denonça. La malheureuse Epouse de *Camille* fut accusée : Elle était coupable; et le Fou, qui avait été son Mari, la tira encore après lui dans la tombe!.... O Filles! prénéz-garde qui vous épouse! *O Mères! veilléz pour vos Filles, et connaisséz pour elles, ce qu'elles ne peuvent connaître.*

NOTES.

L'orthographe du nom de Rétif nous est certifiée aujourd'hui par des actes nombreux que nous sommes parvenu à nous procurer.

Un de ces actes est le testament de Marie-Anne Rétif, sœur de Rétif de la Bretonne, décédée à Paris, à l'âge de CENT QUATRE ANS ET DEMI, le 22 février 1825. Cette personne était sœur de la congrégation de Sainte-Marthe. Son testament donne un état exact de tous les Rétif, qui sont répandus en abondance sur le territoire du département de l'Yonne; ils sont alliés aux Tillien, aux Bourdillat, etc., dont on retrouve les noms dans *Monsieur Nicolas*. — J'ai toujours pensé qu'une promenade à Sacy et à Auxerre, avec ce livre en main, serait fort intéressante.

Le premier mariage de Rétif, avec une Anglaise du nom d'Henriette Kircher, est contesté par sa famille.

Le portrait de sa veuve, Agnès Lebègue, est chez M. Augé, un des petits-fils de Rétif de la Bretonne, avec qui j'ai eu l'avantage d'entrer en rapport pendant l'impression de ce volume. C'est un pastel; la tête est coiffée en poudre; une fort belle tête, mais d'un aspect sévère et hautain; les sourcils sont arqués fortement, les traits sont réguliers. L'examen de cette physionomie aide à comprendre une partie des récriminations de Rétif.

C'est en voulant porter dans ses bras quatre rames de papier, que Rétif de la Bretonne fut atteint d'un *effort*, lequel devait être une des causes déterminantes de sa fin. En outre, il souffrait beaucoup depuis longtemps d'une rétention d'urine. Tout cela l'avait rendu taciturne; il ne se réveillait qu'à l'aspect d'une jolie femme; ses yeux allaient chercher immédiatement son sein et ses pieds. Alors il redevenait aimable pour un instant.

Les planches de ses gravures lui appartenaient; on les a vendues, ainsi que sa bibliothèque, qui avait quelque importance. Sa fille Marion, qui habitait le domicile paternel, essaya bien de tirer parti d'une masse de manuscrits renfermés dans une grande armoire; elle les fit voir à quelques littéra-

Projet de traité pour la publication de *Monsieur Nicolas*
rédigé en écrit par Rétif de la Bretonne.

Traité fait entre les soussignés Messieurs Journeron, Libraire
rue Guillot, Libraire à Paris, et l'Auteur de *Monsieur Nicolas*:

Nous soussignés, sommes convenus d'imprimer à frais communs
l'ouvrage intitulé *Monsieur Nicolas ou le cœur-humain dévoilé*, formant 8 vol. in 16 partie de 12 f. chacun,
de la manière qui suit:

Moi Journeron, Libraire...
tirage à 3000 exempl. ...deux mille 90 exemplaires...
......2099 ₶. Dont je ne
...

tirage à 1000. chacun pour trente de mes auteurs...
...la somme de 9660 ₶. dont j'ai reçu [?] exemplaires in 8°
douzièmes in 8°.

Et moi, Nicolas-Edme Restif de la Bretonne, je m'engage à tous... m'acquitter... je laisse... un de ses exemplaires à Paris, de donner les épreuves
...

fait à Paris le ... 910 [?]

teurs; mais Rétif seul eut pu se reconnaître au milieu d'un pareil désordre.

Ses autographes sont très-rares, nous l'avons dit; M. de Solcinne en possédait un de peu d'intérêt. qu'il avait acquis à la vente Pixérécourt : « A la comtesse de Boisgelin, en Moravie. Il lui envoie des vers sur le bonheur dans l'infortune; sur l'adversité; une épître sur la facilité, etc. » Daté de 1793.

Celui que nous donnons ici est plus caractéristique, et ressort à la fois de sa vie publique et de sa vie privée; c'est un projet de traité entre un imprimeur, un libraire et lui, pour la publication de *Monsieur Nicolas*. Sous le griffonnage de l'homme qui n'écrit que pour soi, on devine cependant une large écriture de travailleur; elle n'est pas sans ressemblance avec celle de Balzac, et par ce côté-là notre parallèle se trouve encore fortifié. Comme Balzac, Rétif de la Bretonne avait des prétentions commerciales; sa tête était remplie de spéculations et d'idées de librairie. (J'allais oublier la fantaisie que ces deux hommes avaient de descendre, l'un de l'empereur Pertinax, l'autre des Balzac d'Entraigues.)

Dans le chapitre intitulé : CE QUI A ÉTÉ ÉCRIT SUR RÉTIF DE LA BRETONNE, nous avons omis de parler d'un ouvrage de Mme la comtesse de Choiseul, intitulé *les Nouvelles Contemporaines*, et publié en 1819. Quelques lignes de la préface traitent assez cavalièrement l'auteur du *Paysan perverti;* elles motivèrent une réponse, restée inédite, de Marion Rétif. Cette réponse est tombée entre nos mains; on y lit : « Vous n'avez sans doute, Madame, que parcouru, il y a bien des années, quelques ouvrages de M. Rétif de la Bretonne. Lisez-les en entier. Les *Contemporaines* lui avaient été demandées : on ne les met point au rang de ses ouvrages importants; on dit cependant qu'elles ont leur mérite, parce qu'elles renferment la collection des costumes du dix-huitième siècle et quelques intéressantes nouvelles. Quant à son style, ce n'est pas à moi à le défendre; je me permettrai seulement d'avancer que M. Rétif de la Bretonne faisait parler à chacun son langage, et qu'il n'empruntait ses couleurs que de la nature. *M. Rétif de la Bretonne était franc et bon; il est mort regretté*, a dit, en annonçant sa mort, un écrivain estimable. Faut-il que j'aie besoin de rappeler les suffrages non équivoques que des hommes intègres de toutes les nations civilisées se sont plu à lui accorder? Puissé-je, Madame, vous voir changer d'opinion sur le compte d'un père dont la mémoire m'est chère, en proportion de ce qu'il a toujours été bon et toujours malheureux ! »

Marion Rétif est morte vers 1836; sa sœur aînée, Agnès, l'avait précédée d'un grand nombre d'années au tombeau.

FIN.

TABLE DES MATIÈRES.

I. — Introduction	1
II. — Sa jeunesse et ses amours	3
III. — Premiers ouvrages	10
IV. — Le Paysan perverti	16
V. — Apogée	42
VI. — Pendant la Révolution	54
VII. — Ses malheurs, sa vieillesse et sa mort	62
VIII. — Ce qui a été écrit sur Rétif de la Bretonne	79
IX. — Les descendants de Rétif de la Bretonne	95
X. — Catalogue complet et raisonné des ouvrages de Rétif de la Bretonne :	
La *Famille vertueuse*	104
Lucile	106
Le *Pied de Fanchette*	108
La *Confidence nécessaire*	110
La *Fille naturelle*	111
Le *Pornographe*	112
La *Mimographe*	114
Le *Marquis de T****	115
Adèle de Com**	116
La *Femme dans les trois états*	117
Le *Ménage parisien*	118
Les *Nouveaux Mémoires d'un homme de qualité*	120
Le *Fin Matois*	122
Le *Paysan perverti*	123
L'*Ecole des Pères*	125
Les *Gynographes*	126
Le *Quadragénaire*	127
Le *Nouvel Abeilard*	128
La *Vie de mon père*	129

La *Malédiction paternelle*............ 131
Les *Contemporaines*................. 132
La *Découverte australe*............. 134
L'*Andrographe*...................... 137
La *Dernière Aventure d'un homme de quarante-cinq ans*................ 138
La *Prévention nationale*............ 139
La *Paysanne pervertie*.............. 144
Les *Veillées du Marais*............. 147
Les *Françaises*..................... 148
Les *Parisiennes*.................... 150
Le *Paysan et la Paysanne pervertis*... 151
Les *Nuits de Paris*................. 151
La *Femme infidèle*.................. 157
Ingénue Saxancour.................. 158
Le *Thesmographe*.................... 158
Monument du Costume................ 160
Le *Palais-Royal*.................... 163
L'*Année des Dames nationales*....... 165
Le *Drame de la Vie*................. 172
Théâtre............................ 173
Monsieur Nicolas................... 177
Philosophie de Monsieur Nicolas.... 181
L'*Anti-Justine*..................... 183
Les *Posthumes*...................... 186
Les *Nouvelles Contemporaines*....... 187
Histoire des compagnes de Maria.... 187
Les *Dangers de la séduction*, etc... 188

XI. — APPENDICE AU CATALOGUE.
    I. Ouvrages de M. Victor Vignon, dit le Petit-fils de Rétif de la Bretonne.... 190
    II. Ouvrages de M. L. Rétif de la Bretonne................................. 192

XII. — EXTRAIT DE L'*Année des Dames Nationales*............................ 193
    NOTES............................... 207

FIN DE LA TABLE.

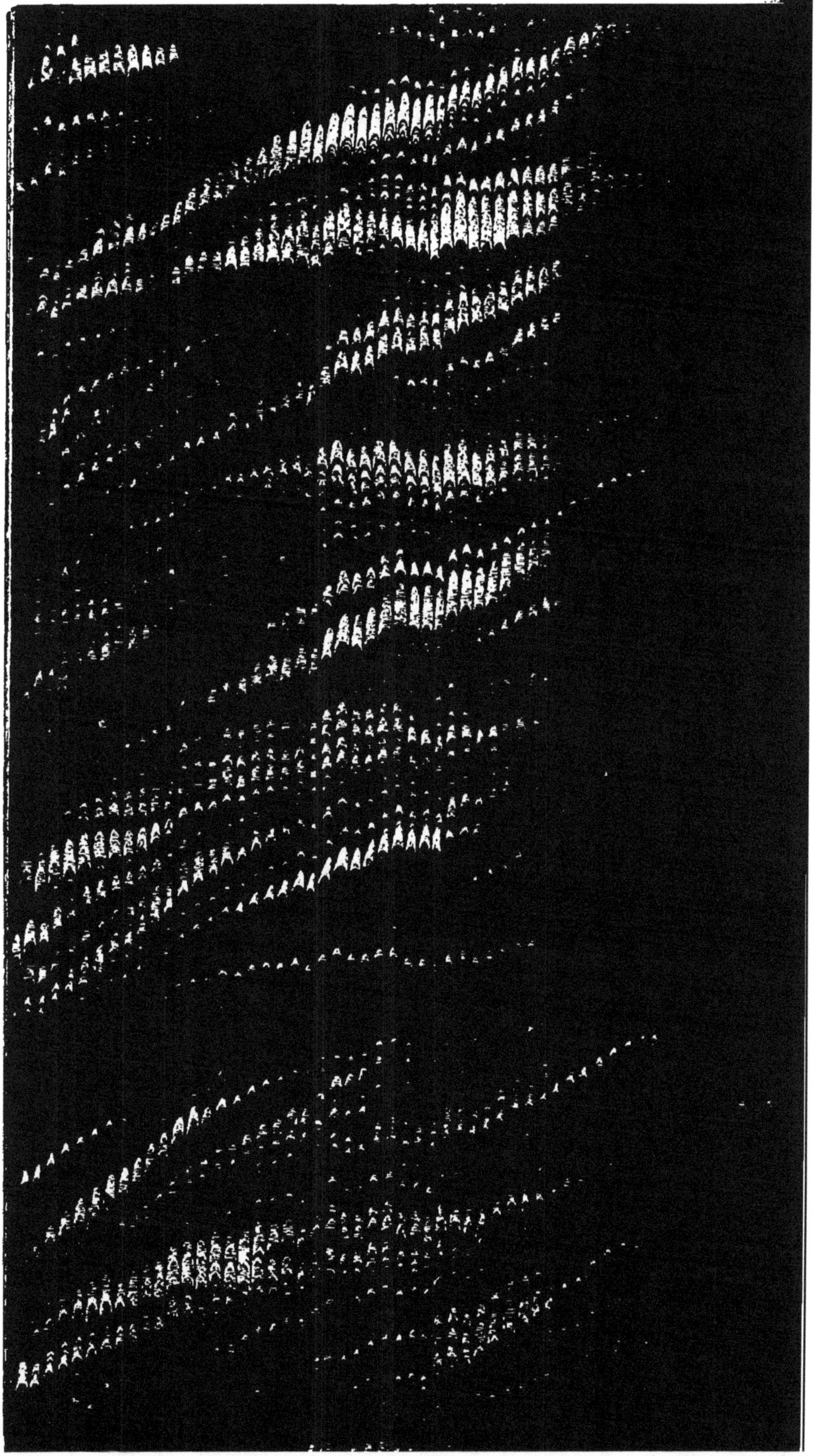

www.ingramcontent.com/pod-product-compliance
Lightning Source LLC
Chambersburg PA
CBHW071948160426
43198CB00011B/1591